乡村振兴战略
——陕西省村镇建设研究与实践

陕西省住房和城乡建设厅

中国建筑工业出版社

图书在版编目（CIP）数据

乡村振兴战略：陕西省村镇建设研究与实践／陕西省
住房和城乡建设厅主编. —北京：中国建筑工业出版社，
2019.3

ISBN 978-7-112-23144-7

Ⅰ. ①乡…　Ⅱ. ①陕…　Ⅲ. ①农村经济发展–研究–
陕西　Ⅳ. ①F327.41

中国版本图书馆CIP数据核字（2018）第297980号

　　为进一步贯彻落实中央、陕西省关于乡村振兴的决策部署，解决好
村镇建设中存在的突出问题，描绘好战略蓝图，强化规划引领，科学有
序推动乡村产业、人才、文化、生态和组织振兴，陕西省住房和城乡建
设厅系统总结梳理重点示范镇建设、文化旅游名镇建设、美丽乡村建设
等实践经验，并结合现实情况，提出符合陕西省情的村镇建设路径，力
图加快补齐农村人居环境突出短板，扶持特色产业，努力打造推动城乡
融合发展平台，助力全省乡村振兴。

责任编辑：咸大庆　赵晓菲　朱晓瑜
书籍设计：锋尚制版
责任校对：李美娜

乡村振兴战略——陕西省村镇建设研究与实践
陕西省住房和城乡建设厅

*
中国建筑工业出版社出版、发行（北京海淀三里河路9号）
各地新华书店、建筑书店经销
北京锋尚制版有限公司制版
天津图文方嘉印刷有限公司印刷
*
开本：787×1092毫米　1/16　印张：12½　字数：147千字
2019年2月第一版　2019年2月第一次印刷
定价：138.00元
ISBN 978-7-112-23144-7
（33227）

序

乡村振兴战略是决胜全面建成小康社会、全面建设社会主义现代化国家的重大历史任务，是新时代做好"三农"工作的总抓手。习近平总书记多次强调，实施乡村振兴战略，是解决新时代我国社会主要矛盾、实现"两个一百年"奋斗目标和中华民族伟大复兴中国梦的必然要求，具有重大现实意义和深远历史意义，要把实施乡村振兴战略摆在优先位置，实现乡村产业振兴、人才振兴、文化振兴、生态振兴、组织振兴，推动农业全面升级、农村全面进步、农民全面发展。

实施乡村振兴战略是陕西省践行"五个扎实"要求、加快追赶超越、落实"五新"战略任务、满足三秦人民美好生活期待的内在需要。近年来，陕西省委、省政府围绕乡村振兴开展了大量有益探索，出台了《关于实施乡村振兴战略的实施意见》，不断推进重点示范镇建设、文化旅游名镇（街区）建设、美丽乡村建设、改善农村人居环境等政策措施，有力地推动了全省乡村振兴发展。

为进一步贯彻落实中央、陕西省关于乡村振兴的决策部署，陕西省住房和城乡建设厅组织西安建筑科技大学、西北大学、中建西北建筑设计院等科研院所，系统研究重点示范镇建设、文化旅游名镇建设、美丽乡村建设等实践经验，全面分析我省村镇建设发展现状，加快补齐农村人居环境突出短板，努力打造推动城乡融合发展平台，探索符合陕西实际的乡村振兴建设路径，取得了阶段性研究成果，汇编成此书。

乡村振兴涉及农业产业、乡村治理、乡村文化、基础设施、规划建设、制度改革等方方面面，本书仅从规划建设和政府公共管理角度，对全省乡村振兴相关工作进行经验总结、示范引导、策略制定与实践探索，希望起到抛砖引玉作用。期待能够对从事乡村振兴统筹规划建设与管理工作的政府部门及参与乡村振兴的规划、设计、建设等实施单位和致力于相关问题研究的专家学者、高校师生及社会各界等，提供参考与帮助。

韩一兵

2018年11月20日

目　录

绪　论

一、研究意义

党的十九大提出实施乡村振兴战略，是以习近平同志为核心的党中央着眼党和国家事业全局，深刻把握现代化建设规律和城乡关系变化特征，顺应亿万农民对美好生活的向往，对"三农"工作作出的重大决策部署，是决胜全面建成小康社会、全面建设社会主义现代化国家的重大历史任务，是新时代做好"三农"工作的总抓手，是促进城乡平衡发展、实现全体人民共同富裕、助推国家跨越中等收入陷阱的战略举措，是建设美丽中国的关键举措与传承中华优秀传统文化的有效途径，是解决新时代我国社会主要矛盾、实现"两个一百年"奋斗目标和中华民族伟大复兴中国梦的必然要求，具有重大现实意义和深远历史意义。

2018年3月，陕西省委、省政府出台《关于实施乡村振兴战略的实施意见》，提出实施乡村振兴战略是陕西省践行"五个扎实"要求、加快追赶超越的重大历史任务，是落实"五新"战略任务、满足三秦人民美好生活期待的内在需要，是解决农业农村突出问题、推动城乡一体化发展的根本途径。

为进一步贯彻落实中央、陕西省关于乡村振兴的决策部署，解决好村镇建设中存在的突出问题，描绘好战略蓝图，强化规划引领，科学有序推动乡村产业、人才、文化、生态和组织振兴，本研究系统总结梳理重点示范镇建设、文化旅游名镇建设、美丽乡村建设等实践经验，并结合现实情况，提出符合陕西实际的村镇建设路径，力图加快补齐农村人居环境突出短板，扶持特色产业，努力打造推动城乡融合发展平台，助力全省乡村振兴。

二、工作基础

近年来，陕西省委、省政府围绕乡村振兴开展了大量有益探索，开展了重点示范镇建设、文化旅游名镇建设、美丽乡村建设等实践工作，并从标准规范制定、规划编制体系、实施操作导则、建设技术路径等方面开展了大量有益的探索，有效地促进了乡村振兴发展，形成了与小城镇的城镇化发展、美丽乡村建设、农村危房改造及脱贫攻坚有机结合的地域化乡村振兴发展的初步经验。先后编制《陕西省新型城镇化发展研究与实践》《陕西省城乡公共空间风貌特色研究》《陕西省农村特色民居设计图集》《重点示范镇镇域农村社区布局规划及典型社区规划设计汇编》《陕西省重点示范镇总体规划及新区建设项目汇编》《陕西古村落记忆与乡愁》（丛书）；出台《陕西省村庄规划编制导则》《陕西省农村生活垃圾治理实施方案》；推进35个重点示范镇与31个文化旅游名镇规划编制与建设、美丽乡村建设、乡村人居环境整治、历史文化村落与古村落保护、农村危房改造等工作，为乡村振兴打下良好的工作基础。

【案例】陕西省城镇化专题研究

为推进城镇化研究工作，陕西省住房城乡建设厅于2013年8月成立城镇化发展研究中心。通过依托省内高校及科研院所、内外联合、服务政府的运行机制，形成集科学研究、学术交流、资料信息建设、政策咨询等功能于一体的新型城镇化研究平台，围绕我省城镇化发展的重大问题开展系统研究，提出如何推进我省新型城镇化的总体发展战略和政策措施。近几年，完成住房城乡建设部和省级重点城镇化研究专题16项，出版3部学术著作，发表相关学术论文20多篇；参加中国城市群发展高层论坛，并做了题为《关中城市群建设与发展的研究与思考》的专题报告；完成陕西省委"十三五"规划重大研究课题《陕西省推进城乡发展一体化研究》；起草了《关于进一步加强城市规划建设管理工作的实施意见》；定期向省委、省政府领导报送我省城镇化发展动态信息，并报送国内城镇化发展情况报告，为政府决策提供参考。

图1　近些年成果

三、研究内容

乡村振兴战略作为促进城乡协调、平衡发展的重要手段，将对我国乡村发展、城镇化进程和未来城镇化格局产生深远影响，在实施中应将乡村振兴放在城乡融合发展与人居环境建设的大系统中理解，既要协调好农业与农民的关系，城市与乡村的关系，现实性与长期性的关系，缩小城乡差距与保护乡村特色的关系，政府主导、社会参与与农村基层工作的关系；也要应对农村差异化的发展环境，更加注重结合实际，注重地域化实施效果。

　　针对陕西乡村发展的现实问题，在乡村振兴中既要结合实际也要放眼长远，与新型城镇化发展有机融合的同时综合考虑未来发展中的"逆城镇化"潜在问题，进一步提升小城镇的能级及城镇化水平，提升小城镇的人居环境品质，有效吸纳农村剩余劳动力，带动乡村地区整体发展。在省委、省政府的总体部署下，继续强力推进重点示范镇与文化旅游名镇（街区）建设、乡村人居环境整治、美丽乡村建设示范、农村危房改造与脱贫攻坚等方面工作，紧密围绕产业、宜居、生态、治理、生活等方面内容，开展乡村振兴中的生态环境保护、特色风貌塑造、环境景观提升、设施配套完善、文化传承保护、治理措施制定、技术方法创新等经验与路径的地域化探索。

　　本次研究结合已有的小城镇规划建设、乡村规划建设、危房改造三部分实践成果，系统整合当前乡村振兴与城镇建设发展的政策导向与理论研究，借鉴与引用相关既有研究成果与图件，从政府公共管理角度对全省乡村振兴相关工作进行经验总结、示范引导、策略制定与实践探索，共分三章：

　　首先，结合近年来陕西省开展的小城镇建设工作，分别从小城镇建设在乡村振兴发展中的作用、重点示范镇建设、文化旅游名镇建设、一般城镇发展建设等方面开展小城镇规划与建设研究。

　　其次，从乡村建设规划在乡村振兴中的作用、乡村规划开展、乡村人居环境整治、新型农村社区与美丽乡村建设、古村落与传统村落保护等方面开展乡村规划与建设研究。

　　最后，从危房改造对脱贫攻坚的意义、陕西危房改造的成就、陕西危房改造的实施方式、危房改造实践的典型案例等方面开展危房改造相关研究。

图2　铜川市照金镇——省级文化旅游名镇

第一章

小城镇规划与建设

一、小城镇发展概述

（一）小城镇在乡村振兴中的核心作用

在《国家乡村振兴战略规划（2018—2022）》中，明确了乡村振兴的八大基本原则，其中"坚持城乡融合发展"原则说明了城镇与乡村发展的融合关系，即以城市群为主体构建大中小城市和小城镇协调发展的城镇格局，增强城镇地区对乡村的带动能力。加快发展中小城市，完善县城综合服务功能，推动农业转移人口就地就近城镇化。因地制宜发展特色鲜明、产城融合、充满魅力的特色小镇和小城镇，加强以乡镇政府驻地为中心的农民生活圈建设，以镇带村、以村促镇，推动镇村联动发展。小城镇作为连接城乡的节点枢纽，起到上连大中城市、下接农村的中介作用，特色小镇的建设是推动城乡联动的"催化剂"，作为城乡聚落体系的中间环节与过渡地带，特色小镇的建设可推进城乡公共资源均衡配置，催化乡村振兴。

1. 小城镇是为广大乡村提供公共服务与基础设施职能的基本平台

首先，小城镇作为联系城市与农村的衔接纽带，是吸纳农村人口就业、提供农村人口平等社会公共服务职能的最主要平台；其次，小城镇是直接服务农村生产活动的空间载体，是服务农民生产生活、开展农副产品精深加工、组织农民开展农产品产销一体等农业现代化转型的组织中枢。

2. 小城镇是实现就地城镇化、"村－城"人口梯度动态转移的重要节点

中国的城镇化具有规模大、时间长、空间广的特点，是在一个较长的时间完成以农民为主体的人口结构向以市民为主体的人口结构转变的过程，但这一过程不是一蹴而就的，需要小城镇作为第一级跳板完成农村人口向城市人口转变的预备工作，农民在小城镇培养了基本市民的生存规则，城市也在相当长的时间内做好设施、服务、土地等各项准备，也可以说小城镇是中国完成城镇化过程中以时间换空间的重要载体。

3. 小城镇是完成乡村腹地要素整合，传递国家政策的功能性细胞

首先，小城镇是整合广大乡村腹地土地、产业、资本、人力、服务等各项要素的功能性细胞，是将数量多、各自为政的乡村拧成一股力量，实现分工协作的基本骨干，实现生态建设、经济发展、人地平衡的天平；其次，小城镇是传递落实乡村政策的一级平台，近年来农家乐的广泛崛起、美丽乡村的普遍推广、乡村振兴的政策落实，小城镇都起到决定性的作用。

因此，小城镇是集政治、经济、文化、商贸为一体的乡镇中心地带，是城市发展辐射带动乡村振兴的纽带，是将乡村分散资源整理聚合成为区域竞争力的头部组织，是推动乡村振兴战略的桥梁，是区域经济的"增长点"。

（二）陕西省小城镇建设总结与思考

陕西省委、省政府高度重视小城镇建设工作，先后启动了重点示范镇和文化旅游名镇建设，采取专项资金引导、土地指标支持、专业人才帮扶、目标责任考核等一系列措施，示范引领全省小城镇快速发展。制定印发了《陕西省重点镇建设标准（试行）》和《陕西省重点示范镇规划编制技术要求》，陕西省住房城乡建设厅和陕西省旅游局联合印发了《陕西省文化旅游古镇建设规划编制技术导则》，对全面提升城镇综合承载

力，探索产镇融合新路径的"两镇建设"提出规范性要求。

1. 多措并举，统筹推进小城镇建设

（1）资金引导，土地支持。陕西省政府对省级重点示范镇连续五年给予每镇每年1000万元的专项资金支持，并单列1000亩城乡建设用地增减挂钩指标。对于31个省级文化旅游名镇，省上分批次给予每镇街区200亩城乡建设用地增减挂钩指标，省级财政给予每镇每年500万元专项资金支持。

（2）项目带动，加快建设。坚持把项目带动作为推进小城镇建设的重要抓手，按照《陕西省重点示范镇标准试行》，分别制定了35个重点示范镇和31个文化旅游名镇街区三年及五年建设目标，将建设任务落实到具体项目，建立项目库，按照基础设施和公共服务设施先行的原则合理安排建设时序，逐月开展项目督查，确保小城镇建设项目快速推进。

（3）科学规划，突出特色。按照建设城市社区和农民幸福家园的标准，紧紧围绕地域特色、产业特色和文化特色，组织编制了重点示范镇的规划。对于8个沿渭省级重点示范镇，发挥渭河生态资源优势，做好规划设计、滨水景观设计，打造特色各异的渭河景观带。对文化旅游名镇街区，突出历史文化、景观资源特色，编制控制性详细规划和专项规划，分类指导历史街区建设（图1-1）。

（4）夯实责任，严格考核。设区市人民政府对"两镇"建设总体负责，各县区人民政府是建设融资责任主体，各镇人民政府是实施责任主体。建立了"月通报、季讲评、半年观摩、年终考核"的工作推进机制，每年评出10个重点示范镇和文化旅游名镇建设先进镇，年终给予每镇100万元奖励，形成层层有责、上下联动的工作氛围。

图1-1　咸阳市新民镇规划效果图

2. 因地制宜，小城镇建设打造"陕西特色"

（1）一体化规划，做到管控有力。按照"规划、建设一体"的总体要求，将镇区建设规划、土地利用规划、产业规划、生态环境保护规划多规融合，实行镇村一体化规划。充分发挥一体化规划的龙头引导作用，强化规划的严肃性、管控性，35个重点示范镇利用省测绘局的航拍技术监测重点示范镇规划工作。按照农民居住相对集中、公共服务设施配套完善的要求，运用城市建设的理念和方法，依托老镇区，选择集中连片用地，规划建设功能分区合理、设施配套齐全、生态环境优美的综合服务新区，明确了基本功能定位、产业支撑、用地布局、综合交通体系等内容，明确制定了市政基础设施、公共服务设施、各类住房项目等新区建设的规划和量化指标。新增加的沿渭河4个省级重点示范镇做好规划设计、滨水景观设计，打造特色各异的沿渭景观带。文化旅游名镇深入挖掘和充分体现地域风貌特色和文化内涵，制定城镇控制性详细规划，细化到每一个街巷、每一栋建筑。

（2）精细化建设，做到要求明确，有章可依。依据相关规范，制定了详细的建设标准，从基础设施、公共服务设施、环境改造、住房建设等5个大类、29个分类严格规定了建设实施标准。按照基础设施和公共服务设施先行的原则合理安排建设时序，逐月开展项目进展排名，确保小城镇建设项目快速推进。对文化旅游名镇建设，坚持进行分类推进，对文化旅游资源丰富、区位优势明显的镇，加大旅游开发投入，形成特色鲜明的旅游产业；对人口规模小、历史文化遗存分散、交通不便的镇，以保护修复为主。

（3）特色化建设，做到文化传承，风貌显现。陕西是中国历史上十三个王朝建都地，历史文化资源十分丰富，2013年全省启动了31个文化旅游名镇建设后，各镇抢抓机遇，迅速启动了历史遗存修复、综合环境整治以及配套设施建设，按照"修旧如旧"的原则加快现代建筑改造，名镇传统街区风貌显现。为了切实做到对文化传承不留遗憾，全省遴选专家开展一对一指导，深入挖掘历史文化特色，逐步形成了红色教育、宗教历史、自然生态、边塞风光等特色城镇雏形（图1-2～图1-4）。

（4）系统化推进，做到产城融合，协调同步。重点示范镇按照"加快建设新区、改造提升老区、整合镇域社区、发展产业园区"的工作思路，四位一体，同步推进，着力提高镇区基础设施和公共服务设施水平，按照城市社区的模式创新管理，把为民服务、便民服务延伸到居住社区。

图1-2 关中古镇风貌特色——咸阳市烟霞镇

图1-3 陕北古镇风貌特色——波罗古镇

图1-4 陕南古镇风貌特色——蜀河古镇

按照"一镇一业、一镇一品、一村一品"的思路，把产业园区作为产业集群发展的主要载体，依托特色优势，明确产业定位，不断打造和延长产业链。以农产品加工、能源转化、文化旅游、现代物流等为重点，培育了一批市场前景看好的主导产业；引导重点项目和工业、教育及养老等项目向园区布局，大力发展第三产业，推进区域产业分工和协同发展，构建了工业、农业、现代服务业等各具形态的发展格局。

【案例】宝鸡市蔡家坡镇

蔡家坡镇位于陕西省关中西部渭河川道（图1-5），城镇人口约12万，陇海铁路、西宝高速公路和西宝中线横贯东西，交通便捷，通信发达，人流物流集中，是"全国小城镇综合试点镇"和"全国文明村镇创建先进单位"。工业是蔡家坡镇的主导产业，全镇共有各类企业249户，其中集体企业22户，股份合作企业9户，私营企业217户，外资企业1户，500万元以上的企业13户，从业人员21404人，固定资产10.5亿元，形成了相对集中连片的块状产业集群。目前蔡家坡镇已探索出集工业产业、生态旅游、居住生活功能于一体的特色城镇化发展道路。

（5）动态化管理，做到科学评价，有效激励。为加快特色小城镇建设，陕西省实施项目化管理，将建设任务落实到具体项目，建立项目库，按照基础设施和公共服务设施先行的原则合理安排建设时序，制定目标责任考核措施，由省政府对各镇的建设情况进行考核，逐月开展项目进展排名，实行动态化考核，形成比进度、争排名、重效果的良性竞争氛围和考核奖励机制，推进特色小城镇项目建设实施。

图1-5　宝鸡市蔡家坡镇规划效果图

（6）制度化创新，做到政策一致，服务均等。重点示范镇提供优质公共服务来吸引聚集群众，使进城农民能够享受与城市一样的服务和生活。全面放开户籍限制，已登记为城镇常住人口的进镇农民和申领居住证的流动人口，享受与当地城镇居民同等的公共服务待遇。加快教育、医疗、社会保障、就业等相关配套制度改革，将进镇农民工子女纳入了义务教育经费保障范围，免除学杂费。将进镇群众纳入了城镇医疗卫生服务体系，享有与城镇居民平等的基本医疗卫生服务，社会救助体系日趋完善，实现了应保尽保。

二、重点示范镇

（一）发展导向

按照"城乡政策一致、规划建设一体、公共服务均等、收入水平相当"的原则，"科学规划、高质建设""新区、老区、园区、社区，四位一体，同步推进"的工作思路，着力将重点示范镇打造成县域副中心，成为农民进城落户、创业的良好平台和全省小城镇建设的示范样板。重点示范镇（图1-6）也是承接乡村城镇化、布局乡村发展路径、带动农业转型、引导农民增收的重要平台及载体，是由城市领衔发展进入城乡全面发展的重要支撑点，也是乡村全面振兴的重要抓手。

（二）主要措施

1. 科学规划、高标准建设

按照建设城市社区和农民幸福家园的标准，指导重点示范镇加强规划编制，指导各镇结合实际，突出特色，推进新区建设；按照农民居住相对集中、公共服务设施配套完善的要求，选择集中连片用地规划，建设功能分区合理、设施配套齐全、生态环境优美的新区，实现城乡公共服务均等化；按照《陕西省重点镇建设标准》，根据人口规模进行基础设施和公共服务设施建设。

【案例】渭南市富平县庄里镇

庄里镇位于富平县城西北13km处（图1-7、图1-8），总面积123km²，总人口8.2万，2011年被省政府列为全省重点示范镇。先后组织编制了庄

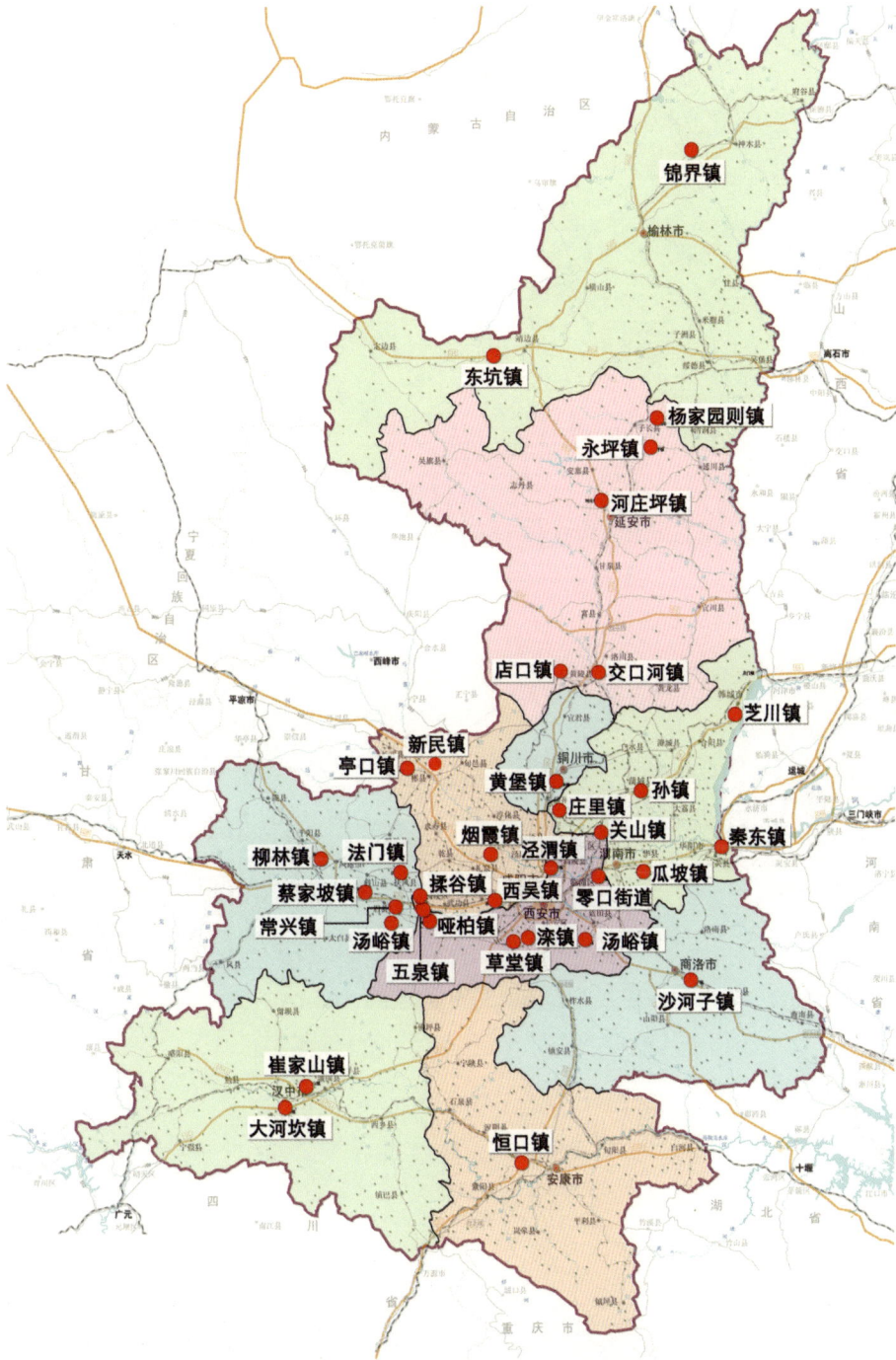

图1-6 陕西省35个省级重点示范镇分布图

图1-7　渭南市庄里镇规划效果图

图1-8　渭南市庄里镇新区建设实景图

里镇总体规划、片区控制性详规、起步区修建性详规和镇域居民区规划
等。累计完成投资6.5亿元，镇区面积扩展到4.5km²，镇区人口达到4.6万
人。新区市政基础设施建设方面，完成南环路、友谊路、幸福路等主干
道路；新区公共服务设施建设方面，完成东、西广场硬化及绿化、亮化
建设，临街商铺建成5万m²；新区住房建设方面，开工建设35栋，完成建

筑面积10万m²；建成区改造提升方面，老街综合改造、中心卫生院住院楼等10个项目完工。通过科学规划、高标准建设，庄里镇正朝向"西部工商重镇、历史文化名镇"和县域副中心的目标逐步迈进。

2. 加大政策扶持力度

陕西省制定了多项推进重点示范镇建设的政策措施，给予每个重点示范镇连续五年的支持政策，明确每个重点示范镇1000万元专项资金和1000亩城乡建设用地增减指标的政策支持。在重点示范镇中，选择人口大、产业基础强、发展后劲足的小城镇，建立镇级财政，土地出让金净收益和基础设施配套费等地方税费，除上缴省级以上的规费外，其余部分全额留镇用于小城镇建设。此外，省财政用于农村道路、环保、教育、卫生、社保以及服务业、旅游业等专项资金也都向重点示范镇倾斜。

3. 多渠道筹措建设资金

陕西省在小城镇建设中，通过出让公共服务设施经营权、公益性设施与商业开发结合、公建民营、民办公助等形式，积极引进市场机制，多渠道筹措小城镇建设资金。同时，加大招商引资力度。引导有信誉的投资商积极参与重点示范镇建设，编印了《全省重点示范镇建设招商推介洽谈会项目手册》，通过陕西建设网等传媒广泛宣传，向省内外企业发出倡议书，引导企业在重点示范镇投资创业。

【案例】杨凌示范区五泉镇

五泉镇位于杨凌农业高新技术产业示范区西北部（图1-9、图1-10），镇域总面积27km²，辖19个行政村，总人口2.4万人。2011年被省政府列

图1-9　杨凌区五泉镇规划效果图

图1-10　杨凌区五泉镇建设实景图

入全省重点示范镇。五泉镇在开展重点示范镇建设中，注重政府与市场"双轮驱动"，以解决建设资金不足的问题。一方面，加大财政扶持力度，区财政每年专项列支500万元用于重点示范镇建设；充分利用省上安排的1000亩城乡建设用地增减挂钩指标，在安置进镇农民的基础上，拿出部分土地通过招拍挂进行商业开发，盘活土地资源；并大力推行项目资金使用，将中央、陕西省相关部门的资金集中向重点示范镇建设倾斜。另一方面，积极利用市场资源，坚持市场化运作方式，区政府与示范区城投公司签订了《五泉镇建设投资补偿协议》，由城投公司采用BT模式实施重点镇建设项目。灵活的资金筹措机制是推动五泉作为重点镇发挥示范溢出效益的重要因素。

（三）分类指引

1. 旅游开发型

旅游开发型小城镇特点是依托当地丰富的自然、人文旅游资源，吸引各地游客，通过旅游业的发展，进一步推动交通运输、餐饮住宿等服务行业和相关产业的发展，并逐步形成一条旅游业产业链，成为各地乡村产业结构转变、剩余劳动力转移就业的主要载体，同时也促进了当地小城镇规模的扩大和经济的繁荣，进一步加快城镇化的整体进程。同时，由于农旅不分家，旅游的发展在很大程度上能够促进当地农业类型从传统型向观光型、休闲型转化，农家乐自发形成，实现乡村传统发展结构的升级。

【案例】蓝田县汤峪镇

汤峪镇以温泉而驰名（图1-11），是集旅游观光、休闲度假、沐浴水疗于一体的著名旅游区，也是陕西确定的温泉开发重点区。汤峪坚持"城镇化带动产业化，产业化促进乡村振兴"的理念，以温泉旅游资源为依托，积极实施基础推动、产业促动和项目带动三大战略。通过温泉旅游、农业产业化发展，加大旅游配套服务，走特色化发展道路；发展观光农业、农村休闲旅游；建设集中种植基地，发展种植业，走特色化发展道路；建设社区商贸服务体系及餐饮服务业，大力发展第三产业，形成"一

图1-11 蓝田汤峪温泉度假旅游名镇

区一品"的产业布局，吸引鼓励农民向社区集中。农旅相接，全面促进乡村振兴。一方面温泉旅游促进镇区内外服务业发展，有效拉动经济，促进就业，为周边农村居民提供就业集汇；另一方面，旅游向农业延伸，形成与温泉旅游相匹配的农业休闲旅游，促进农业的提质和转型。

2. 农业发展型——乡村振兴指挥棒

农业发展型城镇其特点是从本地的农业资源优势出发，以市场需求为导向，培养特色农业产业，积极发展农产品加工工业，延伸农业产业链，逐步形成种养加、产供销、农工贸一体化的现代农业生产体系，构筑重点镇建设与发展的产业基础和市场化平台，依靠农业工业化推进农村城镇化进程。此模式的特征是农业生产的商品化、产业化和工业化，通过农业生产的商品化刺激农业生产效率的提高，并使农业剩余劳动力的形成成为可能，通过农业生产的产业化和工业化推动农村产业结构转化和农民职业转换。因此农业发展型小城镇是乡村振兴的进阶石梯，小城镇是广大农业产业化的设施中心、物资中心、培训交流中心及信息数据汇总中心，引导农村产业调整和科技应用，农民通过改进原有生产方式实现跨越式发展，达到农村发展、农民富余、农地优化的指挥棒作用。

【案例】周至县哑柏镇

哑柏镇地处周至县城以西12km，是关中历史古镇、文化名镇，也是周至县西部经济文化重镇。规划定位为"西北地区苗木花卉集散地、陕西西部商贸物流重镇、陕西省沿渭田园风光小镇、周至县城副中心和周至县统筹城乡发展示范镇"。近年来，通过农业现代化、产业化建设，整合传统农业资源，链接优化市场体系，通过传统农业的现代化转型，全方位带动城镇建设和乡村振兴，形成城镇—乡村紧密合作的城村关系，实现充分带动农民就业，全面实现农村小康。在猕猴桃产业上，全镇范围内已建成绿色无公害标准化生产基地1.2万亩，现有猕猴桃深加工和仓储企业20多家，成为中国猕猴桃之乡的西部桥头堡，并进一步带动地区物流、果品深加工和冷运储存等相关产业链发展。在苗木花卉产业上，全镇已有苗木花卉面积3.4万亩，通过积极实施公司加农户的经营模式，利用良好的产业基地，积极向外拓展，承接绿化工程。已建成"中国西部苗木花卉交易中心"，现有200亩的苗木花卉交易市场，约3000亩的苗木花卉园艺展示区，年交易额达5亿元以上。

3. 市场拉动型——产镇村融合

市场拉动型小城镇其特点是以本地的传统商业文化积淀为基础，以市场为导向，主要以民营经济为主，通过发展家庭工业和民间交易建立物流市场，逐步形成具有一定规模和一定辐射能力的区域商品集散地，进而发展成为各项配套服务和功能较为完善的城镇。小城镇与市场发育主体深度耦合，共同发育，经济因市场贸易而繁荣，人口也因经济繁荣而聚集，聚集效益进一步扩散，在广大乡村范围内有效配置资源，通过一产提供生产原料，通过整合农民与农工合理配比充分实现农民就业的有效性，此种"小商品，大市场；城聚集，村振兴"的模式是推动农村城镇化、乡村振兴进程的重要路径。

【案例】凤翔县柳林镇

柳林镇为全国知名白酒品牌"西凤酒"的原产地和企业总部，是典型的市场拉动型小城镇（图1-12）。在发展路径上，小城镇发展与西凤酒厂发展紧密连接，狠抓产业与城镇融合发展。充分发挥西凤酒在重点示范镇建设中的产业主导地位，大力推进产业园区基础设施完善，以柳林重点示范镇和西凤酒业园区为核心的酒城与以县城西区为中心的西凤酒销售总部经济连为一体，初步形成了西凤酒产业经济带。西凤酒城的建设是将中国传统酒文化与小城镇建设、企业建设融为一体的典型案例，通过酒文化植入酒文化体验、博览、交流职能，带动会议、博览、娱乐、餐饮等业态，释放西凤酒的品牌价值，从而扩大生产规模，增强产品类别，通过西凤酒生产与围绕酒文化所衍生出的一系列服务业态，在广大乡村地区进行合理的资源配置，从而实现以企业发展全面带动

图1-12　凤翔县柳林镇新区规划效果图

小城镇和乡村振兴的目标。

4. 工业催生型——配套经济

随着工业化进程的加快和城市"退二产进三产"的产业结构调整，一些工商企业开始向城乡接合部搬迁以降低经营成本，从而为当地农业剩余劳动力转移创造了一个宽广的就业渠道，进而促进该区域人口的集聚。人口的集聚又会进一步推动交通运输、餐饮住宿等服务行业和相关产业的发展，并逐步促进商品市场、生产资料市场、劳动力市场和技术信息市场等市场体系的形成和完善。通过工业企业充分带动就业，镇区做好配套，提振经济，进而全域范围内重整资源配置，实现乡村振兴，走出一条"园带镇，镇带村"的道路。

【案例】神木县锦界镇

锦界镇地处陕北能源重化工基地核心区域，为神木县副中心，城乡统筹发展中心镇和省级工业园区——锦界工业园区的生活服务后勤保障基地（图1-13）。锦界镇以"园带镇，镇带村"的思路发展。做好园区配套，完成镇区内水、电、街道、气、绿化等基础设施建设和教育、医疗、金融、电信、娱乐场所等配套服务设施。作"农"字文章，通过农业产业化发展，重点发展夏芋秋菜种植、大棚蔬菜种植、獭兔养殖、白绒山羊养殖、生猪养殖、散养土鸡养殖等六大产业。神木锦界镇的建设模式就是依托外部工业园区带动经济、社会和现代生活意识，镇区配套设施同时兼具内部全镇服务与外部园区服务双重性质，服务设施规模体量较高，强化其聚集效应，同时借园区的经济带动作用整合镇域资源要素，在农业现代化和传统资源创新利用两个思想统筹下，实现全镇持续发展和乡村初步振兴。

图1-13 榆林市锦界镇规划效果图

5. 城市辐射型

随着城市推动作用的不断增强，在郊区形成诸多卫星城镇，并逐步发展成为城市群，在城市群环抱中的乡村可以凭借周围城市的辐射作用，利用便利的交通网络和信息网络接受中心城市科技和经济的支持以及产业转移，进而推动本区的产业扩张和经济增长，最终完成乡村社会向城镇社会的转型，实现整个区域的城镇化。因此城市辐射型小城镇的典型发展路径就是依托产业化带动全域乡村实现城镇化。

【案例】鄠邑区草堂镇

草堂镇地处西安城区西南部，是户县人民政府与西安高新区合作共建的草堂科技产业基地所在地（图1-14）。凭借与西安市的城郊关系，主动承接西安市的产业与功能溢出，在产业园区建设上，高新草堂科技产业基地已引进比亚迪二厂、美国强生疫苗、中电科及华晶电子等49户企业，完成固定资产投资113亿元，初步形成了装备制造、医药化工等产业集群。通过承接产业实现全面城镇化，包括村民向产业工人的转化、农地向产业园区用地的转化，因此草堂镇的镇村发展路径就是主动融入产业化、城镇化，小城镇带动乡村全面步入城市的过程。明确了战略思想，对镇域内搬迁村庄进行了全面梳理，实行有序拆迁和集中安置，以整理更多土地服务草堂基地和重点示范镇。

（四）分区指导

针对关中、陕南、陕北三大地理单元自然特点，对三大区域小城镇进行分类指导，构建鲜明地域特色小城镇。在关中地区，主要依托关中

图1-14 鄠邑区草堂镇科技产业园区

城市群辐射带动小城镇建设，从而实现乡村振兴，并加强历史文化名镇、名村保护和大遗址保护。陕北地区以产镇融合谋求发展，依托陕北能源化工基地打造一批工业强镇，以产业重构乡村格局，实现乡村振兴，同时彰显陕北小城镇黄土文化、红色文化特色。陕南地区以生态保护为基本原则将小城镇建设与陕南移民搬迁、乡村居民点重构相结合，重点打造陕南古镇旅游品牌。

1. 关中地区——依托大城市辐射带动发展

以关中城市群带动小城镇建设。围绕关中城市群建设，结合帝王陵大遗址保护、秦岭北麓生态保护游憩带建设以及渭河综合治理等，以大城市辐射带动小城镇建设，以融入关中城市群为突破口，依托省级重点示范镇建设，带动周边城乡发展的集群化。

【案例】礼泉县烟霞镇

　　烟霞镇位于世界最大的皇家陵园唐昭陵九嵕山下，交通便捷，属西咸半小时经济圈（图1-15、图1-16）。烟霞镇在制定发展路径中遵循底线原则，坚守唐昭陵大遗址及自然生态环境保护底线，社会经济发展为

图1-15　礼泉县烟霞镇全景

图1-16　烟霞镇传统建筑风貌

主体，明确了保护与发展的平衡关系。市场原则，坐拥大西安千万级旅游市场机遇，结合世界级文化资源与关中农业景观，根据市场导向，打造袁家村、唐昭陵博物馆、大唐地宫、必捷滑雪场等旅游项目，形成全国级的旅游品牌影响力。富民原则，通过旅游项目及其所形成的旅游服务业产业集群，提供大量的旅游就业岗位；城-村-旅相结合，通过旅游设施建设有效提升城镇与乡村的生活配套及基础设施建设；全镇域策划农业布局，将农业生产、经营、观赏、体验融为一体，延长农业产业链，鼓励开办农家乐，实现乡村居民的全面小康。

2. 陕北地区——以产镇融合谋求发展

以产镇融合培育工业强镇。以产城融合为根本思路，依托榆神工业区、榆横工业区等重大工业集聚区，引导小城镇与周边工业园区融合互动发展，积极充当工业园区服务基地，同时发展与工业园区主要产品相关联的上下游产品，增强小城镇自身非农产业动力，打造工业强镇，进而带动周边小城镇发展。

【案例】洛川县交口河镇

交口河镇位于洛川县南部，境内有延长集团旗下的延长石油延安炼油厂、延安石化厂。该县按照"政府建园区、企业上项目"的思路，紧紧依托延安炼油厂和区位优势，以延伸能源化工产业链和培育产业集群为抓手，配合延长石油集团贯通公路运输环线，推进延安炼油厂改扩建工程，实施技术升级改造项目，建成轻烃综合利用项目，努力做强新型石化工业，逐步做大做强交口河镇区域石油化工产业。在实施延长企业配套的同时，坚持工业支持城镇化，突出中心城镇的辐射带动功能，提升承载能力，吸纳移民搬迁，聚集人口，繁荣商贸，发展现代服务业，实施绿化、美化、亮化工程，建设群众幸福家园，实现农民就地城镇化。以工业与城镇的社会经济资本累计反哺农业，制定农业现代化路径，全面实现乡村振兴，是以镇带村的最后一步，最终实现企业、城镇、乡村的全面协调发展。

3. 陕南地区——与移民搬迁安置相结合

结合移民搬迁推进小城镇建设。把陕南移民搬迁与重点示范镇建设结合起来，科学规划，整合资源，统筹推进，结合陕南移民搬迁及保障房建设，以人口集聚为契机，加快小城镇镇区建设，提升城镇设施等综合承载力，进而吸引适宜产业入驻，以城镇建设引领城镇化发展，推进陕南小城镇的全面发展，通过生态移民等途径，强力支撑秦岭生态保护、脱贫攻坚等战略目标。

【案例】商洛市商州区沙河子镇

沙河子镇位于商洛市城东10km处（图1-17、图1-18）。重点示范镇建设启动以来，新区路网已经形成，水、电、通信、燃气管道全面铺设，镇政府办公楼、文体广场、计生服务站投入使用；完成压缩式垃圾转运站建设一处；新区休闲公园绿化、广场、道路、照明及景观等完工；柴湾社区服务中心已完工。保障房开工建设11栋1350套，陕南移民搬迁安置房开工建设22栋750套。新区的快速建设，使沙河子镇成为陕南地区结合移民搬迁开展小城镇建设的示范标杆。

图1-17　商洛市沙河子镇规划效果图

图1-18　商洛市沙河子镇新区建设实景图

重点打造陕南古镇旅游品牌。加强历史文化名镇、名村保护，加大对陕南古镇的保护力度（图1-19），进一步提升陕南古镇知名度，加大对发展势头较好的文化古镇的扶持力度，打造陕南十大古镇品牌（青木川镇、蜀河镇、凤凰镇、漫川关镇、熨斗镇、后柳镇、流水镇、洛家坝镇、华阳镇、二曲镇）。

图1-19 陕南古镇风貌景观

【案例】旬阳县蜀河镇

旬阳县（图1-20）按照"传统形态、多元文态、宜居生态、旅游业态"四态融合的要求，加快推进古镇建设，着力将蜀河古镇（图1-21）打造成为汉水名镇和重要的旅游目的地。构建传统"形态"，实现新旧融合。加快民居修复改造进度，突显古镇特色，达到提升等级的效果。将古镇保护修复与新区开发建设相结合，共同推进，实现新旧融合，着力打造蜀河古镇品牌。传承多元"文态"，实现文旅融合。一是深入挖掘古镇内涵，全力打造"陕南文化重镇和汉水文化古镇"，突出水陆两道上体验船帮文化及黄州建筑风格，保护和再现古镇水运码头，茶马古道临江商埠的文化内涵，反映蜀河古镇地处交通要道的古老历史；二是注重保护和传承地方民俗等非物质文化遗产，开展蜀河烧狮子、双彩车、码头出船、汉剧等演出活动，展示蜀河传统民俗文化，推进旅游产业发展；三是打造星级景区，促进镇域经济转型升级，实现文旅融合。打造宜居"生态"，实现人居融合。提升镇区环境。持续开展镇区环境整治工作，为游客提供良好的旅游环境。加大镇区绿化建设。对镇区山体、河岸、古镇区、新区、生态区等加大绿化力度。加大街景、广场建设，充分利用艺术雕塑、街景、古建风貌等展现蜀河古镇繁荣景观。丰富旅游"业态"，实现城景融合。坚持"引进来"战略，着力招商引资。坚持"走出去"战略，引导群众参与古镇建设。围绕"吃、住、行、游、娱、购"旅游六要素，开发本地特色产品，拉伸产业链，让当地群众共享旅游开发红利。蜀河镇在做好保护修复与生态环境保护相结合的基础上，注重统筹推进，以景区促旅游、以旅游带发展、以发展求振兴，通过旅游上下产业链及配套设施的建设，让城镇居民与乡村居民充分参与到旅游发展建设的红利中去，倒逼其主动进行生态保护与环境建设，形成良性循环。

图1-20　旬阳县蜀河镇全景风貌

图1-21　蜀河镇传统建筑风貌

（五）建设成效

重点示范镇以人的城镇化为核心，坚持集约、生态、低碳的发展理念，更加突出完善城镇公共服务功能、突出产城融合发展、突出生态文明建设、打造宜居宜业的生态环境。建设发展以来，35个重点示范镇采取专项资金引导、土地指标支持、专业人才帮扶、目标责任考核等系列措施，按照"科学规划，高标准建设"及"新区、老区、社区、园区"四位一体同步推进的工作思路，建成了县域副中心，镇域经济快速发展，人均可支配收入明显高于全省平均水平，示范引领作用明显，成为农民进城落户和创业的重要平台，建设发展以来，累计完成投资660.76亿元，带动镇区人口增加63.61万人，解决7.26万贫困人口就业问题，作为乡村发展的中心，35个重点示范镇以不同方式引领了乡村发展的最优路径，为乡村全面振兴奠定了坚实的基础，其资源整合、目标制定、基层服务等职能将在乡村振兴的下一个阶段发挥更加重要的中心力和指挥棒作用。

三、文化旅游名镇

（一）发展导向

陕西省是一个文化大省和生态大省，境内沉淀着不同时代的文化古镇星落，秦岭北麓、八水河畔山水相映的生态小镇镶嵌。在35个重点示范镇建设计划的基础上，省委、省政府又提出了31个文化旅游名镇的建设计划（图1-22），将深埋于历史和山川中的特色文化小镇的价值加以发

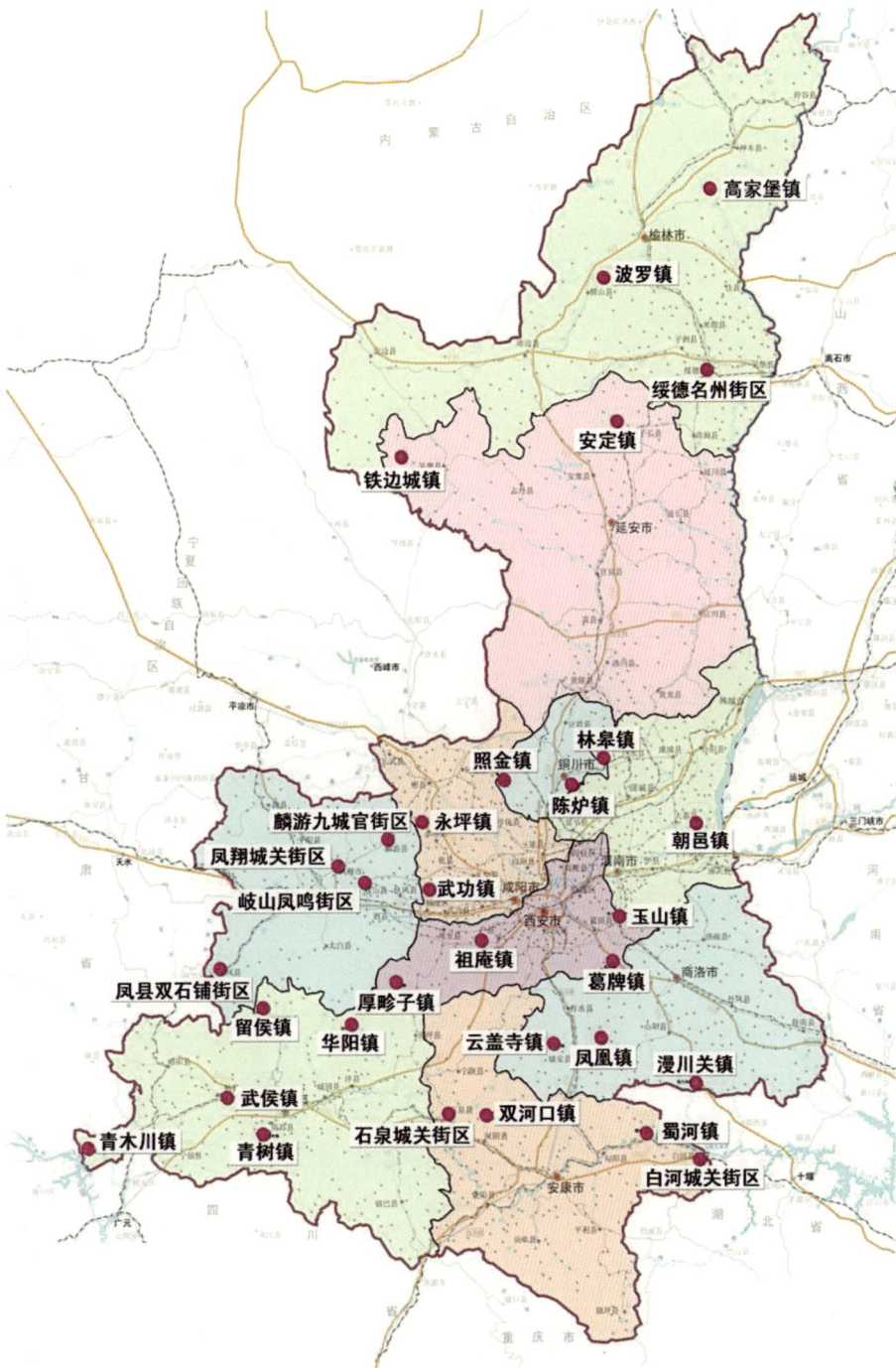

图1-22　陕西省31个省级文化旅游名镇分布图

掘，转变发展结构，以旅游业带动社会经济建设，以旅游业充分吸纳乡村人口和剩余劳动力，以旅游业带动转变传统农业生产方式，进而实现文化旅游名镇品牌建设与镇村社会经济发展腾飞的双重目标。坚持实施"以城镇为依托，以文化为形象，以旅游为路径"的方针，重点抓好文化旅游名镇（街区）的"文化支撑、产业支撑、环境支撑、精神支撑和精品支撑"，集中力量建设文化旅游名镇，打造区域性热点旅游景区，使之成为"山水人文·大美陕西"的名片。

（二）主要措施

多年来，省委、省政府持续加大政策支持力度，以提升规划水平、传统风貌、设施功能、生态环境、旅游品牌和服务能力"六个提升"促进文化旅游名镇（街区）建设，深入发掘和充分体现地域风貌特色和文化内涵，打造宜居宜游的特色小镇，以此高效促进小城镇对城镇化人口的吸纳，带动乡村传统产业调整和转型。

1. 一镇一主题，挖掘文化内涵，打造特色各异的文化旅游之地

为了打造特色突出、风貌各异的文化旅游胜地，全省31个文化旅游名镇按照"规划引领、保护修复、完善功能、开发利用、突出特色、宜居富民"的原则，以规划为引领，以城镇为依托，以资源为核心，以旅游为支撑，把历史文化、自然资源的保护挖掘和开发利用结合起来，塑造特色镇区与街区。如漫川关镇、凤凰镇等积极保护和弘扬非物质文化遗产，精心编排特色鲜明的文化演出和节庆活动吸引游客；双石铺镇、永平镇等立足乡村资源和农业优势，大力发展休闲农业和乡村旅游，积极创建乡村旅游示范村，进一步丰富文化旅游名镇的旅游产品体系；周

至县厚畛子镇整合优势旅游资源，形成以太白山、黑河以及佛坪厅故城为特色载体，集度假休闲、文化体验和科考探险于一体的大秦岭地区精品旅游目的地；旬阳县蜀河镇建设成为陕南至武当山旅游线路上的重要节点，省内外知名的旅游目的地。

【案例】汉中青木川古镇——文化IP作用下的古镇旅游典型

青木川镇为国家AAAA级旅游景区，如图1-23～图1-28所示。旅游资源价值主要体现在两大方面：一是完整的清代、民国时期街道以及著名建筑；二是民间文化的传承。首先，青木川拥有众多古迹，有"秦陇古栈道"、摩岩石观音、邓艾将军石、二郎神脚印、石门关、金缸峡。除此之外，青木川同样注重民俗建筑的保护与修缮，先后完成了多处古建筑修复及布展工程，全景再现古镇当年明、清、民国等不同时期的风格风貌。其次，青木川镇饮食文化有鲜明的地方特色，丰盛的"十大碗席"加上地道的"凉粉"会让到客回味无穷。培育发展古镇香菇木耳、地方小吃、作坊酿酒、手工挂面、人工榨油、绿色食品等传统特色产业，再现古镇昔日商贾云集的繁华盛景。目前青木川已发展农家乐38户，日接待能力达5000余人，获全省"优秀旅游建设项目奖"。依托电视剧以及其他新媒体等宣传途径，将青木川丰富的明清历史遗存和历史故事作为旅游产业发展基质，带动周边乡村发展旅游服务产业，以此为契机完善乡村基础设施建设，提升乡村环境品质，共享旅游红利。

图1-23　汉中市青木川古镇——省级文化旅游名镇

图1-24　汉中市青木川镇规划鸟瞰图

图1-25　汉中市青木川镇回龙场老街

图1-26　汉中市青木川镇回龙巷古城

图1-27　汉中市青木川镇辅仁中学

图1-28　汉中市青木川镇街巷空间

　　2. 突出保护修复，打造小镇独特文化"名片"

　　文化旅游名镇建设的大前提要求修旧如旧，恢复原貌，还原历史，传承文化，严禁大拆大建。各镇原则上新建项目楼层控制在3层以内，要

图1-29　陈炉古镇全貌

打造符合当地文化特色和地域风格的建设方式，突出风貌协调，打造小镇独特文化"名片"：一是要深入挖掘，精心打造，将特色体现在三个方面，即自然特色、文化特色、产业特色；二是要注重建筑文化脉络一致；三是要突出文化体验功能。要研究创新旅游与古镇文化融合发展的新方式、新途径，建设文化展示平台，使静态文化动起来，使沉寂的文化活起来。

【案例】铜川市陈炉古镇

陈炉古镇位于铜川市印台区东南约15km的山区（图1-29～图1-31），因"陶炉陈列"而得名，素有"渭北瓷都"之称，传统手艺传承千年，是物质性和非物质性遗产并存于世的典型。陈炉古窑址被列入第六批全国重点文物保护单位；陈炉窑民间手工技艺被列入首批国家级非物质文

图1-30 "炉山不夜"灯光夜景

图1-31 依山就势、层层叠叠的民居风貌

化遗产名录；陈炉镇被命名为第四批中国历史文化名镇，还两次被命名为"中国民间文化艺术之乡"。陈炉古镇存在众多历史遗迹以及传统手工艺文化等物质与非物质文化遗产，应以保护为前置，区域生态整体开发、传统要素的现代演绎。提出以"文化保护传承与自然生态旅游"的全新旅游开发理念，一是以文化遗址保护、古树名木以及传统民居名录登记与保护工作为工作重点，落实挂牌保护古树89棵，保护明、清时期古窑炉、古民居12座的修缮保护工作；二是以古镇民居、古街、工坊、古窑炉、寺庙遗址、四堡项目、贺龙故居等旅游产品为主，形成文昌阁综合旅游服务中心；三是打造民俗文化广场休闲活动区、传统民居及陶瓷工坊体验区、窑炉民俗旅游居住区、马科生态民俗养生区、西堡休闲康体活动区、生态农业观赏游憩区以及外围景观修复涵养区的"一心三带、三街七片"的旅游空间结构。

3. 突出配套完善，注重游客舒适的游览体验

景区发展，配套先行。市政基础设施、公共服务设施和旅游服务设施等项目先行，优先开工实施道路建设项目，解决旅游大巴、自驾出行的通畅问题，以及旅游接待中心、停车场、用餐住宿、游乐设施、特产超市等旅游服务设施项目，保证游客"进得来，住得下，玩得美"。

【案例】山阳县漫川关镇

漫川关镇位于陕西省商洛市山阳县东南部（图1-32），地处金钱河一级支流的靳家河口，素有陕西"南大门"之称，是国家历史文化名镇和陕西边陲商贸重镇，历史上为著名的"水旱码头"，"朝秦暮楚"典故即

图1-32 自然生态与历史文化交融发展的漫川关古镇

源于此，因地貌广大、水域宽衍而得名，形成"靳金交汇"和"太极环流"两大奇观。受南北文化共同影响，这里的秦楚文化、码头文化、商贸文化、曲艺文化、建筑文化、宗教文化、餐饮文化、民俗文化根植交错、相互碰撞，曲艺"漫川大调"、美食"漫川八大件"被列为省级非遗名录，《枪魂》《印象漫川》等实景演绎剧深受群众喜爱，《漫川大调·春之歌》曾走出国门赴韩国演出。中央电视台曾三进漫川关，专题拍摄"记住乡愁""舌尖上的中国""美丽乡村中国行"节目。近年来，漫川关镇紧紧围绕"环境

改善、村貌整治、基础提升、产业发展、要素配套"五大重点，投资11.5
亿元，实施了游客服务中心、漫川人家、十里画廊等十大工程，连片打
造了前店子、闫家店、小河口等7个美丽乡村，形成以漫川古镇为核心，
带动周边乡村基础设施建设和民生工程建设，以产业升级实现乡村振兴。

4. 塑造大地景观，呈现乡村田园风光

按照"田园美、村庄美、生活美"要求，文化旅游名镇建设不仅对

镇区及历史街区下达一系列建设要求，同时也对整体布局镇域乡村田园风光提出了要求。第一，结合当地乡村农业适生性，整体布局农业，形成农业产业地域化所呈现出来的大地景观（图1-33～图1-35），作为文化旅游名镇重要的旅游大环境；第二，以文化旅游名镇的旅游产业带动乡村农业旅游，进一步强化农民生产多元化。

5. 设立专家库，"一对一"指导名镇建设

从专家库中确定31名专家，作为31个文化旅游名镇专家指导小组组长，负责与各专家组组长联络各专业专家，组成专家小组，"一对一"指导名镇建设。采取省上委派和市、县、镇邀请相结合的方式，不定期赴名镇指导把脉，挖掘历史文化，确定特色化发展方向；指导文物保护、古建筑维修、仿古街区建设、既有建筑改造、街区风貌协调等工作，对各镇工作存在的突出问题提出专家建议。

6. 项目带动、创新体制、严格考核

（1）项目带动——提出"四态"建设思路，即"构建传统形态、传承多元文态、实现宜居生态、丰富旅游业态"，以此为原则制定31个文化旅游名镇（街区）三年及五年建设目标，逐镇建立项目库，逐月开展督查，确保项目建设快速推进。

（2）创新体制——督促指导县（区）政府下放经济社会管理权限，设立镇级财政，激发各镇内生动力。

（3）严格考核——将文化旅游名镇建设列入对各市委市政府的目标责任考核指标，建立了"月通报、季讲评、半年观摩、年终考核"的工作推进机制。

图1-33　百里秦川、广袤质朴——关中乡村风貌

图1-34　延沟分型、汇聚经络——陕北乡村风貌

图1-35　依山就势、钟灵毓秀——陕南乡村风貌

（三）建设成效

文化旅游名镇建设过程中坚持实施"以城镇为依托，以文化为形象，以旅游为路径"的方针，全面坚持"传统形态、多元文态、宜居生态、

旅游业态"四态同步发展，自2013年省文化旅游名镇建设以来，31个
文化旅游名镇累计完成投资160.93亿元，恢复传统街区28条，旅游人数
3117.86万人次，旅游收入达127.84亿元，4A级景区和3A级景区镇分别达
到12个和15个，吸纳非农就业人数18.96万人。省级文化旅游名镇的品牌

效应显现，大部分名镇都已成为游客的重要旅游目的地。文化旅游名镇的成功建设充分彰显了"青山绿水就是金山银山"，不断兑现历史文化的经济价值，走出了一条"以旅促镇、以镇带村、镇村融旅"的绿色循环发展之路，为其他具有历史文化资源的镇村发展提供了可资借鉴的路径。

【案例】勉县武侯镇

武侯镇自古便是商贾云集的商业重镇和兵家必争的军事要塞（图1-36、图1-37），"五斗米教"在此发源，"一代智星"诸葛亮在此屯兵演武八年，在武侯镇，文化是沁入骨髓的气质，也是最宝贵的资源。近年来，武侯镇积极推动"三国文化+特色小镇"融合发展，秉承"文化让特色小镇更加美好，特色小镇让文化更具魅力"的理念编制规划。古镇建设中注重文脉延续，保护传统风貌，力求原汁原味，做到"整旧如故，

图1-36　武侯镇诸葛古镇街巷

图1-37　武侯镇诸葛古镇夜景

以存其真"，采用传统工艺实施1200户传统民居风貌改造，对临老街门面、门头牌匾进行仿古改造装饰；对万寿塔、城隍庙、财神庙等传统文化建筑进行保护性修复，进一步恢复了名镇文化符号和历史记忆；全力打造汉惠渠仿古步行街，新建仿古房屋50套；围绕诸葛亮生平及古阳平关旧事，在老街沿线绘制三国系列故事壁画60余幅，形成了三国文化旅游观光带。对于丰富汉中市旅游休闲娱乐消费业态内涵、延长游客体验逗留时间，加快破解文化旅游产业"产品不精、同质严重"难题必将发挥积极的示范作用。

四、小城镇风貌引导

塑造城乡风貌特色是城镇化发展的重要任务和本质要求。习近平总书记指出"要依托现有山水脉络等独特风光，让城市融入大自然，让居民望得见山、看得见水、记得住乡愁"。陕西作为具有深厚文化底蕴和地域特色的文化大省，营造"望得见山、看得见水、记得住乡愁"的空间意境，在城乡建设中体现地域性、民族性、时代性的风貌特色是乡村振兴的重要内容。

（一）塑造策略

1. 顺应自然环境，构建总体格局

充分依托小城镇地形地貌、水文气候等自然环境条件，构筑适宜自身职能发展定位的总体空间格局。重点协调城镇建设与自然山体、河流水系、农田林地等的空间关系，合理控制开发强度。营造地域特征鲜明、尺度规模适宜并与自然环境和谐共生的小城镇风貌形象。

2. 分析资源特征，突出文化内涵

充分挖掘小城镇地域文脉、民俗风情等文化基因，明确文化特色内涵，将鲜明地域文化特征融入小城镇空间与环境建设，营建富含文化气质的小城镇环境风貌。

3. 营建特色节点，增强总体魅力

对小城镇商业中心、公共活动中心等重点区域应进行空间形态、开发强度、建筑形式（风格、尺度、色彩、材质）、环境设施等多方面的控制引导，形成小城镇风貌特色的标志区域，增强小城镇整体对外吸引力。

4. 注重以人为本，实现永续发展

突出以人为本，将生活舒适性作为小城镇特色风貌建设的立足点，加大环境治理力度，注重人文关怀，控制小城镇建设规模与建筑尺度，力求人与自然环境的和谐共生，实现可持续发展。

（二）案例引导

1. 五台镇——关中小城镇风貌特色引导

（1）区位及资源

五台镇位于长安区南部，秦岭北麓。2014年以来，五台镇以关中民俗艺术博物院和南五台旅游景区为依托，以发展特色文化旅游产业为突破，紧紧围绕秦岭生态保护、历史文化传承和旅游资源开发，全力把五台镇建设成为集民俗文化、生态旅游、休闲观光、国际文化旅游、新型农家乐为一体的秦岭北麓独具特色的文化旅游名镇。

（2）风貌特色提炼

1）神奇与秀美的古镇福地，悠久与独特的五台风貌

五台镇依托关中民俗博物院、南五台景区、留村等文化资源优势，发展民俗技艺体验、民俗节庆体验、民俗文化产品经营、文化演艺娱乐、佛教文化产业，形成以关中地域文化为特色的民俗文化产业高地。

2）显山与露水的景观廊道，精美与考究的关中民居

"西弥街"是一条展示关中民间文化与习俗的商贸旅游步行街。街道两旁具有传统特色的民居建筑及环境小品设施，都投射出浓郁的乡土风貌气息。

（3）风貌特色引导

重点协调镇区与关中民俗风情园的整体风貌，理顺镇区、景区间的功能与交通组织关系；保护五台镇传统丁街曲巷的空间格局及关中民居特色；保护秦岭生态环境风貌、协调镇区与外部山形水体间的空间关系，营造独具特色的秦岭旅游休闲小镇。

五台山

关中民俗博物院——内街

关中民俗博物院——屋顶

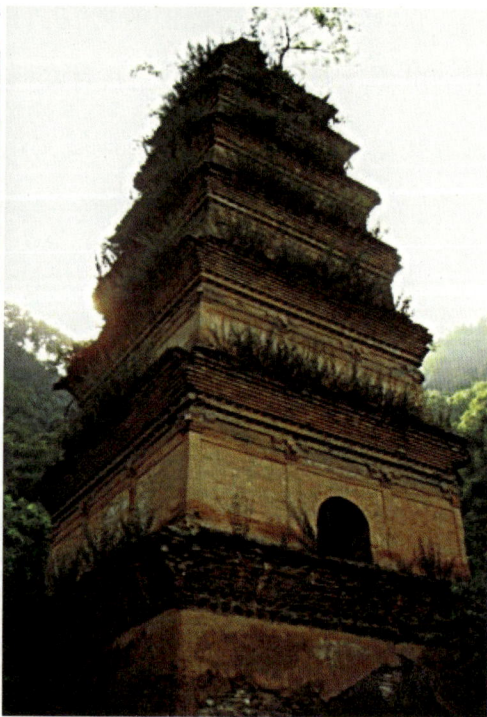

五台镇古塔

图1-38　五台镇风貌特色引导

2. 米脂县——陕北小城镇风貌特色引导

米脂县城是具有典型陕北小城镇特征的代表性县城，研究以米脂县为例，阐明陕北地区县城的风貌特色引导策略。

（1）区位及资源

米脂县地处陕北黄土高原腹地的丘陵沟壑地貌区，北承榆阳区，南接绥德，东靠佳县，西邻横山、子洲。县城三水环抱，两山俯瞰，枕山面水，负阴向阳，榆商高速、210国道穿城而过。

县城拥有米脂古城、黄土窑洞群、李自成行宫、貂蝉洞、"古银州"摩崖石刻、姜氏庄园、高西沟全国农业旅游示范点、杨家沟革命纪念地等历史人文与特色资源，素有"文化之乡""小戏之乡""梯田之乡"等美誉。

（2）风貌特色提炼

1）沟壑纵横的自然地貌，河谷枝状的城镇形态

米脂地处黄土高原沟壑区腹地，县城东枕山梁，西面无定河，延南北方向伸展，呈现典型的沿河谷枝状伸展的城镇空间格局。峁梁和沟壑成为其城镇空间发展的约束与引导要素。

2）生土孕育的窑洞民居，黄土青砖的拙朴色彩

黄土高原沉积深厚的黄土孕育了窑洞这一独特的传统民居建筑形态。米脂县城周边分布有大量生土窑洞聚落，县城老城内也保存有规模较大的窑洞民居建筑群，成为县城独具特色的区域。黄土与青砖材质也形成了与环境相和谐、自然朴拙的城市色彩。

（3）风貌特色引导

尊重原生地貌环境，坚持与自然环境相和谐的低碳绿色城镇化建设发展道路，形成耦合于自然分形地貌特征的城镇空间形态（图1-41～图1-43）。

图1-39 米脂古城与山峁

图1-40 米脂传统山地窑洞

保留部分原生山峁建设山地公园，并采用旱柳、白杨、沙棘等陕北地域性植物，创新"黄土为源"的特色地域现代生土建筑风貌。

依托无定河湿地、古城窑洞群、轨道交通线形成风貌特色轴线三条，生态景观风貌展示轴、传统城镇风貌发展轴和现代城镇风貌发展轴，串联米脂县的滨水景观、黄土建筑群以及现代时代特色，集中展示黄土高原沟壑区特色城镇风貌。

图1-41　城依河畔——城市与山水的良好关系

3. 西乡县——陕南小城镇风貌特色引导

（1）区位及资源

西乡县位于陕西南部，汉中东部，汉江自西向东横贯西乡县，县域总面积3240km²，其中山区占64.79%，丘陵占28.35%，平川占6.86%，自古就有"秦岭南麓小江南"美誉。西乡生态环境良好，物种多样，是重要的茶叶产区，更有珍稀动植物资源千余种。

图1-42　城融黄土——现代生土技术的运用

（2）风貌特色提炼

1）花海茶园、樱桃之乡

西乡广植油菜，田野鳞次栉比，形成连绵起伏的油菜花海，壮观唯美。西乡县茶叶种植历史悠久，始于秦汉、盛于唐宋，出产午子仙毫和炒青茶等多种名茶。西乡县土层深厚，中性偏酸，适宜樱桃生长栽培，

图1-43　顺应环境——依山就势与河谷线形特征体现

樱桃种植历史悠久，距今已有200多年的历史。

　　2）古道商贸、秦岭南麓小江南

　　西乡北依秦岭，南屏巴山，嘉陵南去，汉江东流，生态环境优良，孕育和滋养了西乡极为丰富的物种，造就了最适宜人与自然和谐发展的优良环境。西乡交通便利，区位重要，自古就是重要的商贸要地，包含子午古道在内的多条古道均分布于西乡县境内。

（3）风貌特色引导

西乡作为秦岭之中最具特色的名茶产区，应突出其山地茶园的代表性资源特色，体现温馨、宁静与世无争的地域文化内涵，营造山城融合的城镇格局。

（4）重点要素控制

依托典型的自然山水地貌特色，保护完整的西乡老城历史文化遗迹，将西乡县建设成为生态优美的文化名县。西乡县应以老城作为风貌特色重点控制区，并托牧马河、泾洋河形成滨水景观风貌轴线，依托城市中心道路形成城市风貌主轴，串联景观序列。依据县城各片区资源特性，强化各片区风貌特色，基于县城中心现代建筑群打造主城风貌片区，基于传统建筑群、伊斯兰教建筑群打造历史风貌片区，集中体现秦巴山区的独特城镇风貌，凸显东南部山体林地与城区相互辉映的良好山水格局。

五、小城镇发展展望

通过重点示范镇、文化旅游名镇等小城镇建设，一方面能够促进产业层面的供给侧改革创新，另一方面也能够促进小城镇的全面发展，有助于带动乡村经济的复苏，产业层面的改革可以兼顾乡村农业的优化和二、三产业的融入，创造就业机会，大量吸纳农村剩余劳动力以进一步推动就地城镇化。把"两镇"建设与实施乡村振兴战略、打赢脱贫攻坚战有机衔接起来，打造陕西城乡融合桥头堡，乡村振兴排头兵，脱贫攻坚助力器，人居环境新标杆。

导向一：特色发展

立足区位条件、资源禀赋、产业积淀和地域特征，重点围绕产业特色突出、建筑风格显著、文化特色鲜明、市场特色灵活的目标，不断挖掘差异性，培育独特性，找准特色，定位特色，发展特色，放大特色，凸显特色，打造符合当地实际的特色外形，沉淀小镇独特文化标识和小镇精神。

【案例】蓝田县玉山镇——桃源山境，行云流水

玉山镇隶属于陕西省西安市蓝田县，地处县境东北部，北接秀岭，是蓝田东部和西安、渭南、商洛三市毗邻地区的中心镇。玉山镇以人文历史、丰富的自然资源为主要发展优势。上陈村发现了迄今为止中国最早的人类活动痕迹，是华夏民族祖先生产与生活的栖息地，具有极高的历史内涵与旅游开发价值。以人文历史与自然资源为发展契机，玉山镇由"吃饭"农业向"旅游"农业转型，由"产量"农业向"质量"农业转型，逐步转向以观光农业为基础、休闲度假和养老养生为主导的产业结构（图1-44），实现人口就业由第一产业为主向第三产业为主转型。以观光农业、休闲度假、养老养生为主的旅游产业格局基本形成，以地方文化、现代艺术（建筑艺术）为依托的文化艺术产业发展壮大。玉山镇在建设控制与生态维护的发展前提下，以文化旅游、生态旅游开发等为主要出发点实现产业转型、升级，带动乡村振兴，并且落实国家基层生态保护政策，是以生态为特色谋求发展之路的典型代表。

图1-44 农旅休闲结合发展的蓝田玉山镇

导向二：集群发展

强化小城镇的协同发展和聚集规模效应，在全省打造若干个小城镇集聚带以及小城镇集聚区，形成小城镇集群，强化其团队发展向心力，将小城镇建设的单点效应扩大到集群影响力，升级小城镇发展思路，为全面步入集群化乡村振兴做建设准备。

导向三：融合发展

推进"三生"融合，立足以人为本，科学规划特色小镇的生产、生活、生态空间，形成"一镇一风格"。要增强服务功能，注意保护小镇的历史文化遗迹遗产，留存原住居民生活空间，防止整体迁出。要注意保护特色景观资源，将美丽的资源转化为"美丽经济"。

【案例】石泉县池河镇

池河镇位于石泉县城以东12km，通过多年的发展和建设，已成为西北蚕桑第一大镇、全省综合改革示范镇、省级县域工业园区、省列重点建设镇。按照"一园三区""园镇共建"思路，依托青山绿水生态资源优势和深厚特色文化底蕴，深入挖掘弘扬"鎏金铜蚕"历史文化资源，大力发展蚕桑产业大户、蚕桑家庭农场、蚕桑园区、蚕家乐，重点培育生态观光、桑葚采摘、养蚕体验和蚕桑美食等休闲体验旅游基地，基本实现了"以产促镇、以镇兴产"的产镇融合新格局，为关注生活、生产、生态的"三生一体"绿色发展奠定了坚实的基础。下一步，池河镇将以省级重点示范镇建设为契机，以金蚕小镇创建为抓手，通过产业带动、文化驱动、旅游拉动，唱响"金蚕之乡、丝路之源"品牌，实现乡村振兴。

第二章

乡村规划与建设

一、乡村规划在乡村振兴发展中的作用

乡村振兴是一项长期、系统的工作，推进乡村振兴战略，科学合理的规划是重要抓手与保障，要充分发挥规划的引领性和前瞻性，有计划、有步骤地加以推进，既要注重村庄总体规划的引领作用，也要注重村庄产业、村庄建设、住宅建设、道路交通、生态环境、基础设施、文化保护等系统专项规划的衔接作用，实现多规协调、相互融合，合力建设美丽乡村。

在乡村振兴过程中，乡村规划应该发挥规划的"龙头"作用，担负起引领乡村整体发展的重担。这既是乡村发展新阶段的历史使命所要求，也是城乡规划的行业属性所决定，更是2008年开始实施的《城乡规划法》所赋予的不可推卸的责任——《城乡规划法》第一条就开宗明义地提出了"协调城乡空间布局，改善人居环境，促进城乡经济社会全面协调可持续发展"是城乡规划的任务所在。

新时代背景下，乡村振兴战略对乡村规划工作提出了更高要求，在乡村规划编制中应全面贯彻党的十九大精神，以习近平总书记新时代中国特色社会主义思想为指导，紧紧围绕统筹推进"五位一体"总体布局和协调推进"四个全面"战略布局，牢固树立和贯彻落实新发展理念，实施乡村振兴战略，坚持农业农村优先发展，坚持绿水青山就是金山银山，顺应广大农民过上美好生活的期待，统筹城乡发展，统筹生产、生活、生态空间，以乡村最迫切的问题为导向，让村民共同参与规划编制，切实解决好群众最关心、最直接、最现实的问题，不断提高乡村地区民生保障和公共服务供给水平；以建设美丽宜居村庄的目标为导向，以农村垃圾、污水治理和村容村貌提升为主攻方向，动员各方力量，整合各种资源，强化各项举措，加快补齐农村人居环境突出短板，为如期实现全面建成小康社会目标打下坚实基础。

二、陕西省乡村规划总结与思考

陕西省在多年的实践中始终坚持规划先行的工作方式，突出乡村规划的战略性、指导性、操作性、衔接性、约束性、体系性与政策性，从完善规划体系、规划编制技术要求、规范标准制定、实施行动抓手、治理决策创新等方面构建一套有效的机制。在乡村规划中既提出思路要求又明确方法措施，既考虑长远又兼顾当前，把乡村振兴与美丽乡村建设、农村人居环境整治、历史村落与古村落保护等有机结合起来，完善一张蓝图干到底的制度措施，确保执行有力、落实到位。

（一）落实责任主体、注重决策先行

中共十八大以来，省委、省政府紧密围绕党中央坚持把解决好"三农"问题作为全党工作的重中之重的决策部署，统筹推进城乡协调发展，出台一系列强农惠农政策，为经济社会发展全局提供了基础支撑。通过乡村建设发展任务分项分类，以补短板、强弱项、惠民生、美环境的思路，对乡村各类资源进行优化整合和高效配置，充分发挥市场经济的功能和作用，实现乡村的自我发展。

1. 按照部门职能确定工作计划，明确责任主体

省委、省政府从基础设施、公共服务设施、人居环境、历史文化保护、文化建设、危房改造等方面制定了乡村规划与建设行动计划，并明确实

施责任主体。

2. 出台乡村振兴实施意见，明确乡村发展重点

2015年以来，省委、省政府先后组织三次改善农村人居环境工作会议，要求以"干净乡村、美丽乡村、和谐乡村"为目标，在已有工作基础上，把改善农村人居环境工作从探索期提升到整体推进阶段，建立"省、市、县、镇、村"五级联动，形成推进合力，确保如期完成目标任务。针对改善农村人居环境中发展不平衡、不充分的问题，进一步健全完善指标体系，抓重点、补短板、强弱项，打好改善农村人居环境攻坚战。把改善农村人居环境与脱贫攻坚工作统筹考虑、同步推进，以新目标、新指标、新做法，把全省改善农村人居环境工作推向新高度，努力实现农村物质文明和精神文明双丰收（图2-1～图2-3）。

图2-1　陕北农村人居环境建设（延安）

2018年3月，省委省政府出台《关于实施乡村振兴战略的实施意见》，要求全省各级党委、政府要以习近平新时代中国特色社会主义思想为指导，全面贯彻党的十九大精神，认真落实《中共中央、国务院关于实施乡村振兴战略的意见》，扎实推进特色现代农业建设，按照"产业兴旺、生态宜居、乡风文明、治理有效、生活富裕"总要求：（1）以产业兴旺为重点，提升特色现代农业发展水平；（2）以生态宜居为关键，促进人与自然和谐共生；（3）以乡风文明为保障，凝聚乡村振兴正能量；（4）以治理有效为基础，推动乡村和谐发展；（5）以生活富裕为根本，提高乡村民生保障水平；（6）以摆脱贫困为前提，打好精准脱贫攻坚战；（7）以深化改革为动力，创新乡村振兴体制机制；（8）以资金人才为支撑，引导资源要素向乡村流动；（9）加强和改善党对"三农"工作的领导。

图2-2　关中农村人居环境建设（宝鸡）

图2-3　陕南农村人居环境建设（汉中）

【案例】太白县桃川镇杨下村——村规家风带来民富村美

　　杨下村为合并村，在人居环境整治中，为使两村村民团结共融，太白县大胆探索，积极创新，以培育社会主义核心价值观为主题，将好家风作为改善人居环境的切入点，将杨下村定位全县家风文化建设示范村。通过县、镇、村组成的家风家训提炼工作组，深入每家每户，量体裁衣，制定切合实际的家风家训，并按照统一风格、尺寸、位置，在每家每户门前设置家风家训墙；建成"文化一条街"；制定《村规民约》；开展"道德模范""文明家庭"等多项评选活动；组建业余队增加村庄文化活动，传承传统美德、弘扬社会正能量，建成社会稳定的"全国文明村"。另外，顺利完成全村171户民居房檐、外立面改造，新建文化活动广场3处，安装太阳能路灯40盏，建成农产品交易市场、文化景墙、花坛、停车场等设施，为旅游发展打下坚实基础。

　　2018年9月，省委、省政府召开全省推进乡村振兴战略推进会，深入学习习近平总书记关于实施乡村振兴战略的重要论述，牢牢抓住乡村振兴战略这一新时代"三农"工作的总抓手，落实产业兴旺、生态宜居、乡风文明、治理有效、生活富裕的总要求，统筹推进乡村振兴与脱贫攻坚，坚持推动城乡融合发展，切实把思想和行动统一到中央要求上来。推动产业振兴，构建现代农业产业体系、生产体系、经营体系。推动人才振兴，加大乡村各类人才培训力度。推动文化振兴，培育良好乡风、家风、民风。推动生态振兴，打好青山、蓝天、碧水、净土保卫战。推动组织振兴，建强基层党组织，打造充满活力、和谐有序的乡村新环境。把脱贫攻坚作为乡村振兴的优先任务，坚决打好精准脱贫攻坚战。以改革开放40周年为契机，全面深化农业农村改革。要精心办好中国农民丰收节，调动全社会推动乡村振兴积极性。加强党的领导，夯实工作责任，抓好示范试点，加强督促检查，开创乡村振兴新局面。按照省委八个方面工作要求，一步一个脚印抓好落实。特别是要深刻认识乡村振兴与脱贫攻坚的辩证关系，绷紧弦，不松劲，抓紧对标对表，补短板、强弱项、建机制、抓落实，主动担责，形成合力，确保完成好各项工作和年度任务。

目前，西安市已编制《乡村振兴战略规划（2018—2022）》，因地制宜制定包括城乡发展格局优化、农业现代化建设、乡村产业壮大、生态宜居环境塑造、乡村文化繁荣、乡村治理体系构建、乡村民生保障等方面具体要求与行动计划；榆林市委一号文件《关于打好脱贫攻坚战实施乡村振兴战略的意见》也提出新时代榆林市实施乡村振兴战略目标任务，并对重点工作等作出全面部署。

（二）完善规划体系，明确技术要求

1. 分类编制规划，指引村庄建设工作

乡村发展不仅编制整体规划，同时还配套建设用地规划、住宅建设规划、道路交通规划、生态景观规划等，实现多规协调、相互融合。规划与设计应符合当地自然条件、经济社会发展水平、产业特点、历史文化传统等，以民为本，因地制宜，注重特色，正确处理好生态空间、生产空间和生活空间的关系，实现产业经济、社会文化、空间环境"三位一体"可持续发展，营造既符合现代人生活需求，又具有地方风貌特色的物质空间建构和乡村人居环境。

在乡村规划编制中应把握住"六大原则"与"三大理念"：

（1）六大原则

1）因地制宜、分类指导

陕西省域内城乡与区域之间经济发展水平、地形地貌环境、地域文化习俗等均存在一定的差异性，乡村规划应结合当地的客观条件，按照不同发展类型制定差异化发展模式，理论与实际相结合，形成自下而上的规划实施体系。

2）示范先行、有序推进

乡村规划应按照不同村庄的发展前景与规模预期，采取典型带动、全域提升、有序建设、整体振兴的工作方式。通过对各乡镇重点村的详细设计和风貌提升整治，调整产业结构，示范带动，让其他村庄结合自身发展现实，借鉴相应发展经验，最终实现乡村整体振兴。

【案例】旬阳县薛家湾村——樱桃特色助推村庄换新颜

薛家湾村总面积12km²，辖10个村民小组624户2430人。村庄紧抓政策机遇，凝聚帮扶力量，整合各方资源，倾力打造3A休闲农业旅游观光示范村。在乡村振兴中，融入樱桃特色，沿路种植樱花500余株，建设富硒樱桃林观光园，让樱桃作为村庄的靓丽风景和特色传承。全面开展基础设施建设，美化、亮化村庄道路，加强生活生产供水系统，整治生活垃圾和农厕，完善建设广场、停车场、游客服务中心等设施，实现村庄面貌的改善，为观光游客和投资者留下良好印象。坚持以发展樱桃特色产业为核心，优化改造老园700亩，高标准新园900亩，辐射带动周边农户改造和栽种1000亩，创建市级生态农业观光樱桃园，吸引大批

图2-4　薛家湾村樱桃产业与村庄振兴融合发展

游客观光。通过招商引资，延长樱桃产业链，形成种、产、旅融合的
产业模式。

3）注重保护、留住乡愁

陕西省地域风貌特色显著，人文气息浓郁，在进行乡村规划时要尽
量保留原有地域文化和建筑风格，彰显地域特色，放大地域优势，把好
乡愁关口。把生态文明建设放在突出地位，用绿色的发展理念规划乡村
未来，把资源利用好、环境治理好、生态保护好。推动乡风文化建设，
让村民们学有所用、乐有所居，让来到这里的游客能体验到淳朴的风土
民情。

4）村民主体、激发动力

尊重村民意愿，根据村民需求合理确定整治优先顺序和标准。建立政府、村集体、村民等各方共谋、共建、共管、共评、共享机制，动员村民投身美丽家园建设，保障村民决策权、参与权、监督权。发挥村规民约作用，强化村民环境卫生意识，提升村民参与人居环境整治的自觉性、积极性、主动性。

【案例】华阴市孟塬镇晓鹏村——"农兴社"助力乡村振兴

晓鹏村位于华阴市孟塬镇东部，地处中原入陕的交通要道，有古驿道和明清城门遗址，是非物质文化遗产华阴"迷糊"剧发源地之一。合村之初，为彻底解决环境问题，在村党支部指导下，由群众组织成立"农兴社"管理全村环境。一方面，通过群众自筹和村集体经费补充等有偿方式，推动"农兴社"管理，合力共赢；另一方面，"农兴社"在村规民约等制度的基础上，重视工作方式的人情化，通过共同清理等方式引导和宣传教育，促使村民自觉遵守约定和维持人居环境；最后，划定职责范围、定期检查、签订保证协议书等方式，促使村庄卫生环境得以长效保障。通过村党委和"农兴社"全程参与环境整治规划、建设、运营、管理，村庄卫生环境大为改观，村道干净整洁，村民自觉维护环境卫生，一改过去脏乱差的面貌。

5）建管并重、长效运行

坚持先建机制、后建工程，合理确定投融资模式和运行管护方式，推进投融资体制机制和建设管护机制创新，探索规模化、专业化、社会化运营机制，确保各类设施建成并长期稳定运行。

【案例】韩城市——"四个明确"保长效

近年来，韩城市通过"四个明确"的运行机制，切实保障了农村人居环境整治的全面实施。"四个明确"包括明确责任、明确制度、明确督查、明确联评。在"四个明确机制"的推动下，农村污水处理率达38%，卫生厕所普及率达到50%，燃气普及率达到55%；确定83个重点绿化提升村庄，绿化率达到32%；完成62个贫困村安全饮水工程，自来水普及率87.2%；新增电网改造村庄47个，电网改造成效率100%，亮化率70%；道路硬化率达到100%，极大地提升乡村人居环境品质，为各区县建立农村环境卫生整治长治机制提供了有效的借鉴。

6）落实责任、形成合力

强化地方政府责任，明确乡村规划的责任分配，县负责统筹推进，各村负责积极落实，切实加强统筹协调，加大地方投入力度，强化监督考核激励，建立上下联动、部门协作、高效有力的工作推进机制。

（2）三大理念

1）保护为本、乡土营造、传承创新的风貌塑造理念

乡村规划要保留原有地域文化和建筑风格，加大传统建筑和历史村落保护力度，弘扬传统农耕文化，提升田园风光品质。大力提升农村建筑风貌，突出乡土特色和地域文化特点。农村精神文明和物质空间文明同步提升，留住传统文化，尊重农村固有习俗，在保留原汁原味乡村文化基础上，让农村旧貌换新颜。让农村成为乡愁有形的载体。

2）结构重构、产业升级、营收增加的乡村经营理念

以经营的理念规划乡村，以经营的手段建设乡村，以经营的方式管理乡村，以经营的谋略统筹城乡，通过规划手段对各类资源进行优化整合和高效配置，特别是再利用、再开发各类闲置设施，充分发挥市场经济的功能和作用，实现乡村的自我增值和自我发展。

3）环境保护、生态健康、民生健全的村镇管理理念

以改善农村人居环境，提升农民群众生活质量为根本出发点和着力点，加快农村环境整治和农业生态治理。建成设施完善、产业兴旺、生态良好、环境优美、美丽独特的宜居、宜业、宜游乡村，真正建成百姓富、生态美的"绿色家园"。以县域为单位，通过镇、村逐级落位，综合考量各村情况，形成区域村庄协同发展和统筹落实的管理体系。

【案例】榆林市子洲县已开展乡村振兴规划

规划围绕实现乡村振兴、建成全面小康社会的总目标和总要求，以山区农业现代化、精准扶贫攻坚、深化全民创业、乡村振兴建设四大方面为主要抓手，集中体现创新创业、技术转型、绿色发展、城乡协调的四大特征，指导子洲县乡村振兴发展。

在产业规划中，规划提出以黄土高原山区现代农业为主导，以地域文化旅游为特色，在"农-旅"融合总框架下建立一、二、三产绿色经济全产业链，成为引领陕北经济转型的农业示范县。村庄生态空间管制中，全面进行村庄生态红线与建设红线管控，提出因地制宜的建设发展与管制措施。以分区管控、分级整治的思路，统筹生态保护与产业发展，不同村镇所处的管控分区，制定不同的管控和引导要求。尤其在生态空间

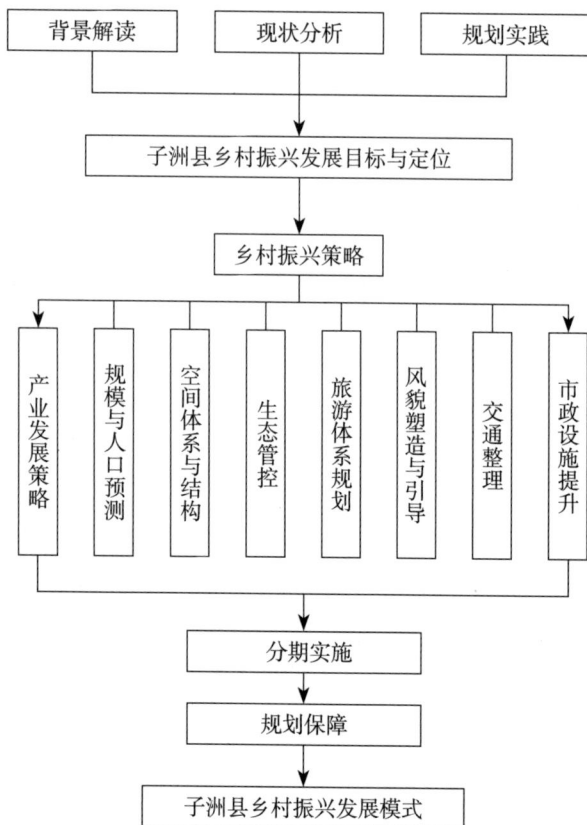

图2-5　子州乡村振兴规划技术路线图

管制措施中，通过积极保护梁峁丘陵区生态空间、严控河流水域生态核心区保护、全面落实环境保护生态红线等措施对全域生态环境保护提出明确要求。

1. 积极防育梁峁丘陵区生态空间

结合退耕还林还草，重点将河谷两侧的斜坡地带划入林区、牧区，加强森林植被保护力度，开展植树造林，恢复谷坡中下部地带森林植被，利用森林植被的固土保水作用，改善地质环境条件，尤以重视对深根性树木的种植；维护斜坡稳定，保护地质环境，提高植被覆盖率，加强高

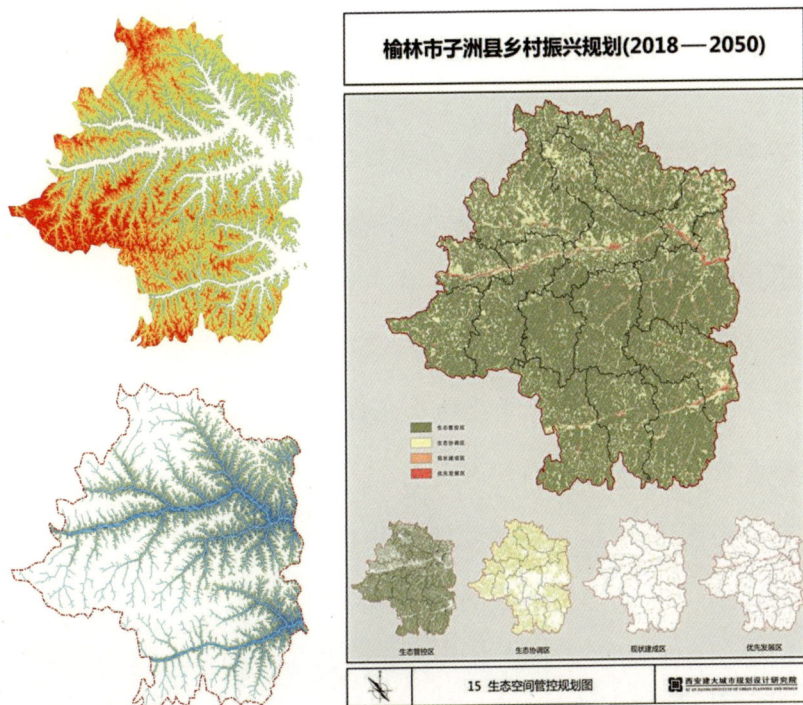

图2-6 子洲乡村振兴规划——黄土梁峁、水系保护与空间管制规划图

易发区的地质灾害防治；使生产经营活动逐渐向梁峁流域内生产力水平高、可利用性好的斑块（沟间地、川台坝地）聚集（图2-6），发展集约化经营，提高农业的生产力水平；提高生态系统服务使用价值需要积极控制水土流失，迅速恢复土壤侵蚀斑块（沟坡地）的植被。

2. 严控河流水域生态核心区保护

夏季暴雨产生的大量径流，携带泥沙下泄，造成沟道两岸大量崩塌滑坡，洪水上岸、溢漫农田，破坏土壤结构，严重影响农业生产发展，影响下游居民的安全。根据县域水土流失分布情况，全面优化完善了大理河、淮宁河、小理河、三川沟、驼耳巷沟等河道滩涂生态用地空间，延伸马岔镇大堡岔沟末级生态保护用地，增加芹园村等多个水库生态保护用地。

3. 全面落实环境保护生态红线

严格按照最新版土地规划的内容要求，根据生态适宜性分析和安全格局信息确定子洲生态环境保护严控区，结合生态红线划分标准，全面落实环境保护生态红线范围，形成全域生态严控保护体系。全面统计子洲县生态保护红线内涉及的生态类型、范围、面积等重要信息，按照生态保护红线一级、二级管控区的管控要求，结合当地生态容量和环境承载力评价，落实各乡镇村所涉及的生态保护范围。

村庄设施配套中，遵循"有所为，有所不为"的设施配置思想，结合村庄实际的发展需求，按照"适度集中、重点保障、有进有退、共建共享"的原则，对各类村庄进行设施建设，最终形成"管理高效、服务便利、生活舒畅"的村庄公共服务设施布局（图2-7）。

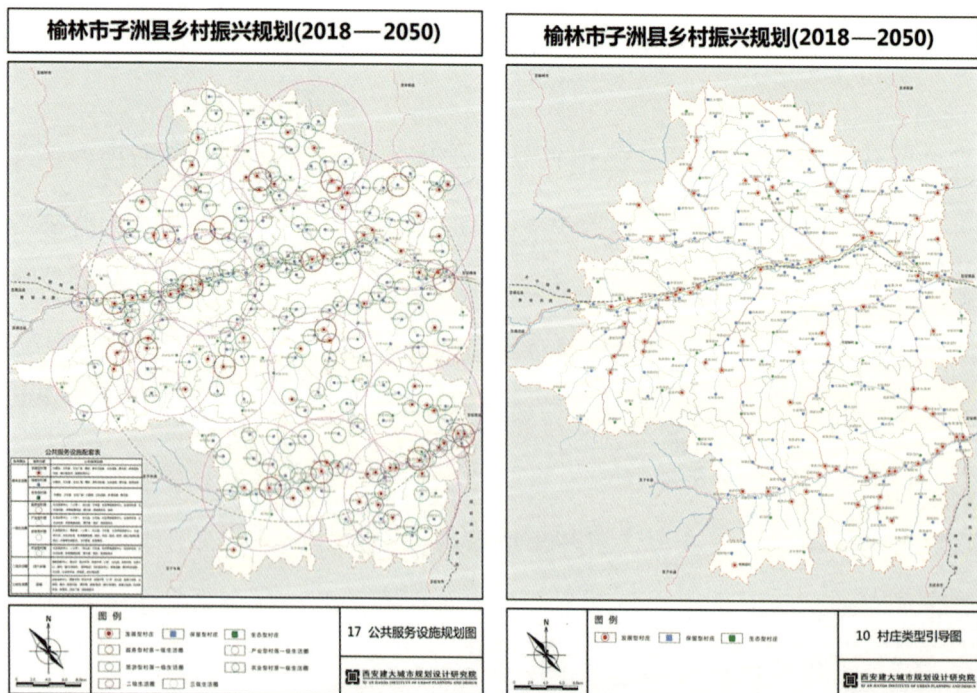

图2-7 子州乡村振兴规划——村庄公共服务设施与村庄发展类型引导规划图

在村庄发展思路中，根据人口、资源、产业的综合指征，确定村庄发展类型，明确其为发展型、保留型或生态型。其中：发展型为交通区位较好、人口聚力强、产业潜力大、用地集中且安全、各项设施基础较好或是具有特色资源、有潜力发展为重点居民点的村庄，作为发展型村庄，是未来县域人口聚集、就地城镇化、综合服务设施提升的重要居民聚居地；保留型为无重大安全隐患，具有一定的生活、生产设施，聚集一定的人口，用于支撑现代农业持续发展必要的居民点，作为保留型村庄；生态型为处于自然灾害区域、人口极度稀少、设施稀缺且较难布局的村庄，作为生态型村庄，仅布局必要的生活性设施，随着人口的自然削减，逐渐收缩，最终消失。

子洲县各个乡镇传统建筑和历史建筑集中的村庄保留着原有的亲切感和自然韵味，也体现出村民对传统文化的自信。根据村庄区位条件、发展定位、风貌现状、历史人文资源等特色价值评定（表2-1），将子洲全域村庄风貌分为：特色型风貌村庄、城镇型风貌村庄和一般型风貌村庄三大类。

特色型风貌村庄：具有独特的历史文化资源和优势产业，旅游发展潜力大。

城镇型风貌村庄：综合服务职能明显，具有一定的旅游资源和公共服务能力，相比其他村庄城市化进程明显较快，具有一定的城市风貌特征。

一般型风貌村庄：除了以上两类之外的村庄，以种植业和养殖业为主，具有部分传统风貌特征，但是旅游特色与资源优势不突出。

在对既有乡村风貌景观整治提升中，秉承本土营建、地域特色的原则，对村庄街巷环境、建筑风格、牌匾广告等进行整体设计。

特色型村庄风貌塑造指引表　　　表 2-1

控制要素	规划指引	
建筑风格	（1）保持原有陕北特色民居、窑洞式住宅风貌特色； （2）保护重要明清历史建筑风貌特征，位于保护范围内的其他建筑在色彩、立面装饰、建筑材料应与之协调； （3）新建建筑以陕北乡土民居风格为主；新建农舍可以使用新材料和新技术，但在建筑色彩和特征上要与本土建筑相协调	
历史文化保护	结合寺庙、堡寨类古建筑，古城石窟等历史遗迹以及石像等历史构筑物所代表的特色风貌元素，发展旅游业，形成特色精品风貌节点	
景观绿化	（1）结合子洲传统风貌特征，进行村舍庭院景观整治； （2）历史文化节点可用景观树种进行氛围塑造和环境提升，为旅游发展提供基础； （3）除了植树造林基本需求，特色型村庄可以选用适宜陕北气候的景观树种作为行道树进行局部种植	

控制 要素	规划指引	
山水 特色	（1）通过历史建筑、乡土民居、田园景观构成的留住乡愁的村落； （2）沟壑丘陵、黄土梁峁、河流渠系能体现陕北地貌特征的乡土村落	
道路 提升	（1）完善主要道路、村庄内部道路的行道树种植；村庄主干路可选择一些高大乔木，以使夏有树荫，冬有阳光； （2）村庄内部道路可以用体现风貌元素的铺砖作为道路硬化的材料； （3）历史文化节点的景观道路硬化应与历史建筑的风貌特征相协调	

　　乡村规划要体现生态、乡土、人本的理念，同时，在乡村住宅设计上，要在整体规划的基础上充分考虑当地的建筑特色、地理地貌、文化习俗、气候特点以及当地的建筑材料、建筑工艺等多方面因素，精心编制风格统一、色彩一致、个性鲜明的房屋修建方案或改造方案，按照统一"样式、图纸、面积、材质"的原则，提供经济安全环保、节地节能节材的住宅设计方案，确保实用性。

　　目前，省住房城乡建设厅已组织编制《陕西省全面改善村庄人居环境持续推进美丽乡村建设规划（2014—2020年）》《陕西省农村特色民居设计图集》《重点示范镇镇域农村社区布局规划及典型社区规划设计汇编》《陕西省重点示范镇总体规划及新区建设项目汇编》，出版《陕西省城乡公共空间风貌特色研究》《陕西古村落——记忆与乡愁》（丛书2本），全省各地已建成了一批景色宜人的美丽乡村，做到由"表"及"里"的提升。

2. 分类实施规划，分项开展建设、分期实施推进

在实施建设方面，一方面秉持"先易后难、先重点村后一般村"原则，重点村优先建设示范，分期推进；另一方面，按照乡村现实问题和需要的紧迫性，分项开展建设，重点先以落实基础设施和公共服务设施项目，尤其是村民对活动中心、文化场馆、停车场、公园游园、集中畜牧、饮水排污、垃圾处理、企业生产等生产生活设施的需求。最终实现"民生为本、设施先行、突出特色、示范引导"的乡村规划建设实施体系。

（三）制定乡村规划建设标准与实施导则

省住房城乡建设厅结合陕西省情，制定一系列乡村规划建设指导意见、标准规范、管控办法、规划导则，明确乡村建设项目的占地规模、建设规模、建设标准、外观风貌等，并且在实践中坚决贯彻执行。

（1）制定《陕西省村庄规划编制导则》《陕西省新型农村社区建设规划编制导则》，实现全省县域村庄布局规划全覆盖，61%的村庄编制了村庄建设规划。

【案例】扶风县全域乡村建设规划

针对不同层次已产生的宏观县域尺度上战略思想与微村庄建设上战术策略之间的规划断层和弱关联问题，结合扶风人口、村庄分布及人口农忙闲相对稳定的流动性及地域特点，在明晰扶风县域城乡地域关系、

未来趋势及各级政府事权等前提下，以"立纲、定策、止乱、理序、提质、增效"及"决策先行、优化存量、控制增量、适度减量"为指导思想，进行乡村"内涵式"提升与"特色化"塑造，进而提出"全域分区细化、专项纵向延伸、规划层层递进"的规划思路。

通过辨析扶风县域乡村人居环境的薄弱环节和当前乡村产业发展、空间利用、住房建设、设施配套、环境治理（污水环境与生活垃圾处理）、景观塑造等方面问题，建立扶风县域乡村空间发展的目标，在问题与目标双重导向的技术路线指导下，构建合理的县域乡村空间总体布局方案，明确乡村空间布局及整合的思路与措施，强调近期工作的现实性和可操作性，实现从"目标规划"向"行动规划"的转变，形成空间发展"责权利"相一致的规划成果，为扶风县域乡村的规划建设工作提供依据（图2-8、图2-9）。

图2-8　扶风县乡村建设规划——乡村建筑风貌

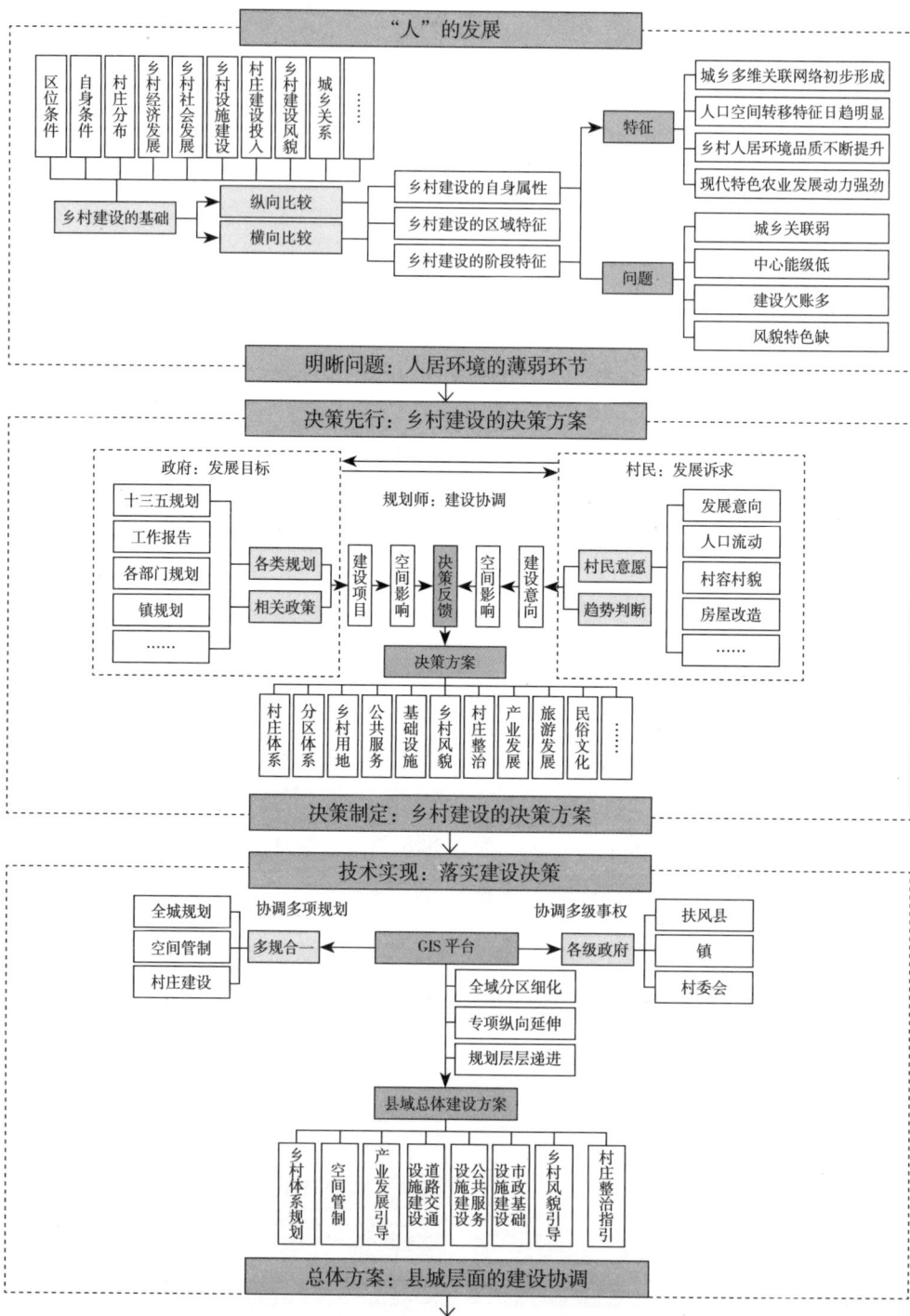

图2-9　扶风县乡村建设规划编制思路

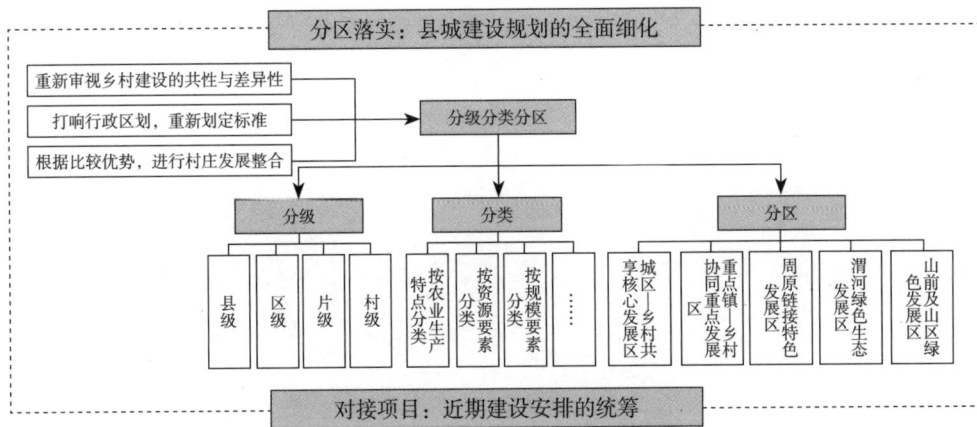

图2-9 扶风县乡村建设规划编制思路（续）

（2）坚持治理先行。会同有关部门全面实施农村垃圾治理专项行动，制定了《陕西省农村生活垃圾治理实施方案》，开展农村生活垃圾治理示范村创建活动，全省农村生活垃圾集中处理率达53.1%。

【案例】大荔省级试点县

从2013年开始，就围绕"乡村振兴看大荔"这一目标，坚持以"绿水青山就是金山银山"为根本遵循，以美丽乡村建设为抓手，走出了一条"城乡美丽、产业兴旺"的乡村振兴之路，牵头制定了陕西省《美丽乡村建设规范》《美丽乡村巷道建设规范》《美丽乡村庭院建设规范》等6项系列标准，制定了"清洁乡村、美丽乡村、幸福乡村、美好乡村"四套指标体系，编制了产业、人才、文化、生态、组织5个专业规划，建立了科学完备、适度超前的规划体系。2018年7月，大荔县因美丽乡村建设成果突出、富有创新和特色，被邀请在"生态世界·绿色发展"为主题的"两山"理念与实践国际大会上分享经验（图2-10）。

图2-10　兼具生态游憩与环境整治的大荔县畅家村乡村涝池

（四）提高民生保障水平，开展人居环境治理

2013年以来，省住房城乡建设厅全力推进改善农村人居环境工作，坚持规划先行，组织编制了《陕西省全面改善村庄人居环境持续推进美丽乡村建设规划（2014—2020年）》。

2014年，省委、省政府出台《关于全面改善村庄人居环境持续推进美丽乡村建设的意见》，提出按照城乡发展一体化要求，围绕人与自然和谐相处，以治理垃圾、污水为重点，以保障农村居民住房、饮水和出行安全为基本要求，统筹规划，因地制宜，全面开展村庄人居环境整治，持续推进功能提升、符合实际、富有特色的美丽乡村建设。要求加快编制村庄整治规划；大力改善基础设施条件；切实加强村庄环境整治；持续推进美丽乡村建设；加快农村产业发展。

2014年5月，召开全省村庄整治规划工作座谈会，全面安排部署全省村庄整治规划编制工作，要求2015年内全省住房城乡建设系统要完成21个试点镇的全部村庄和其他60%村庄的道路建设、农村危房改造、环境综合整治任务，同时要建设1000个新型农村社区、创建64个国家级的历史文化名村和传统村落。2020年以前全部村庄完成以上整治任务。与此同时，省住房城乡建设厅组织编制了《陕西省全面改善村庄人居环境持续推进美丽乡村建设规划（2014—2020年）》，明确了改善人居环境、推进美丽乡村建设的五项任务：（1）完善基础设施建设；（2）加快公共服务设施建设；（3）改善住房条件；（4）村庄环境整治；（4）大力发展特色产业。

根据陕西省村庄特点，采取"试点先行、分类推进"的方式推进人居环境整治工作，将全省的村庄分为特色村和一般村两种类型：特色村主要包括新型农村社区、具有历史遗存的历史文化名村和传统村落、有特色景观和民俗文化的村庄；一般村为特色村以外的其他村庄。其中21个整镇推进美丽乡村建设试点的镇，辖区内所有的村庄将从完善基础设施、公共服务设施、加大危房改造、开展环境整治和产业培育等五个方面开展全方位的整治建设。对具有历史遗存的历史文化名村和传统村落以及具有自然山水、田园风貌等特色资源的村庄，主要是以发掘和保护历史文化遗迹遗存、特色景观资源为重点，传承历史文化，保留村庄的原始风貌，尽可能在原有村庄的形态上改善居民的生产生活条件，通过道路硬化、垃圾污水集中收集处理、绿化美化等措施，改善村庄人居环境。一般村庄环境整治以各市、县主干公路沿线综合整治为重点，带动全域治理。

【案例】宝鸡市凤县永生村

永生村以"山水风情、乡村味道"为理念，以环境卫生综合整治为突破点，全力推进美丽乡村建设，初步建成家园美、生活美、环境美、人文美的美丽乡村新风貌。作为七彩凤县、体验乡村的重要承载地。在乡村人居环境提升中，将山水环境及田园环境"景观化"，通过对周边山水环境的整治、田园景观的塑造，形成供村民及游客活动的山水与农业主题公园。建筑风格以传统民居为主，粉墙黛瓦、马头墙等与山水环境相映生辉。将永生村的"长寿"特色通过活动参与、景观主题雕塑等手法予以空间映现。地面铺装、水系护坡、景观设施多采用石材、木材等山区特有材质进行建设，既融入自然环境，也体现乡土特色。

2018年，陕西省委、省政府印发《陕西省农村人居环境整治三年（2018—2020年）行动方案》，计划用三年时间集中开展农村垃圾、厕所革命、污水治理和村容村貌提升为主攻方向的农村人居环境整治行动，实现农村人居环境明显改善，村庄环境基本干净整洁有序，村民环境与健康意识普遍增强。

（五）创新乡村治理体系，推动乡村和谐发展

1. 建立规划建设资金保障体系

推进乡村规划与设计落地，建设美丽宜居乡村，还必须建立健全保障机制，陕西每年均安排一定的财政资金，并整合部分涉农项目资金作为乡村建设的专项资金，用于补贴奖励。

2. 强化监督检查，建立责任追究机制

在乡村规划建设中，不断细化乡村违法建设的处罚措施，落实乡镇人民政府对乡村违法建设查处职责，加强对违章建筑和违法建设的日常巡查。同时，省住房城乡建设厅定期安排巡查员对省域内乡村建设进行监督。

3. 建立人才保障机制，创新乡村驻村规划师制度

在乡村规划建设中，部分县市城乡规划主管部门与人事部门积极探索规划建设人才聘用制度，加大对本土乡村规划师的培训力度，让更多的村干部和村民参与到编制工作中来，保证符合百姓意愿和编制科学合理，确保村庄近、远期发展目标切合实际。

【案例】富平县乡村规划建设

创新乡村驻村规划师制度，作为深化城乡统筹的制度创新之举，为陕西省美丽乡村建设起到了推动作用，对乡村振兴起到重要的引导示范作用。在工作过程中，驻村规划师作为村庄建设的领航员、村庄规划实施的指导员、基层矛盾的协调员与人民群众的勤务员，制定村庄建设实施建议书，明确村庄建设次序和建设重点，引导乡村居民学习规划、尊重规划、共同建设，及时为村民设计建设图纸、提供建设思路，有效解决了规划与群众之间"最后一公里"问题。

（六）开展传统村落保护，推进文化传承发展

2013年以来，省住房城乡建设厅出台乡村建设规划即提出坚持文化传承。积极开展传统村落保护工作，构建了评价认定指标体系，确定了

首批171个省级传统村落，积极争取将全省30个村落列入全国传统村落名录，争取国家保护发展资金9000余万元。

在省住房城乡建设厅出台的各类乡村规划建设文件中，始终坚持保留原有地域文化和建筑风格的原则，加大省域传统建筑和历史村落保护力度，弘扬传统农耕文化，提升田园风光品质，突出乡土特色和地域文化特点。坚持农村精神文明和物质空间文明同步提升，留住传统文化，尊重农村固有习俗，在保留原汁原味乡村文化基础上，让农村旧貌换新颜，让农村成为乡愁有形的载体。

【案例】榆林佳县赤牛坬村乡村文化建设

赤牛坬村位于榆林市佳县城南50km处的崇山峻岭之中，是陕北民歌故乡、民间艺术的渊薮。近年来通过美丽乡村建设，赤牛坬村成为独具特色的陕北民俗文化村，灰墙、鹅黄门窗、枣红墙头、文化小品、乡土环境等共同构筑起清新自然、乡愁氛围浓郁的美丽宜居村庄风貌，在景观小品设计中，以充满农业生产特色的农具、农作物及民俗文化符号的雕塑为主，充分体现乡土文化气息；在乡村公共空间环境设计中，注重乡村精神空间的重要性，公共活动围绕中心广场、祭祀空间开展（图2-11）。

三、新型农村社区

新型农村社区是由一个行政村或若干个行政村合并组建而成，通过统一规划和建设，最终形成的居住方式与产业发展相互协调、基础设施

图2-11　充满乡村生活与乡土文化氛围的景观小品设施

和公共服务设施配套完善的现代化农村新型聚居点。其建设作为新农村建设的提升工程，既是发展现代农业和建设美丽乡村的有效途径，更是实现城乡发展一体化的重要载体。陕西省将新型农村社区作为缩小城乡差距、统筹城乡发展的重要抓手，积极探索，大胆实践，目前已取得初步成果。

2013年，陕西省在省级新型农村社区试点建设的基础上，按照"城乡政策一致、规划建设一体、公共服务均等、收入水平相当"的要求，因地制宜，突出特色，创新模式，逐步引导农村人口向社区聚集，改善农民生产生活条件，加快农村城镇化步伐。重点采取如下措施：

1. 分级抓点，沿渭先行

陕西省选定21个农村社区作为省级试点，各设区市各确定10个市级试点，每县（区）确定10个县级试点，全省共选定1000个左右新型农村社区，制定方案、落实责任、分级包抓，全面启动建设。其中，关中地区将充分利用渭河治理的机遇，结合渭河生态优势和沿陇海线交通优势，积极借鉴和复制高陵模式，率先推进沿渭新型农村社区建设工作，发挥对全省新型农村社区建设的示范引领作用。

2. 规划引领，彰显特色

在规划引领下，立足实际，要求各地依据当地经济、社会和人口发展水平，根据村庄自然地理与资源环境条件，因地制宜，量力而行，不盲目攀比，不强求一致，不搞不切实际的"政绩工程"；同时，立足人与自然和谐，坚持传统与现代理念相结合、外观与环境相协调，突出乡村特色、地域特色、民族特色，做到形式多样、格调新颖。

3. 突出重点，高质量推进

新型农村社区重点以完善社区道路交通、园林绿化、环境卫生、排水管网、污水处理、防灾避险等基础设施为先导；同步建设卫生、计生、文化、党建、治安、社保等便民服务场所和生活服务中心；合理布局农村学校、托幼养老、体育健身、商业服务、农机大院等配套设施；改造和建设社区居民住宅，推行建设联立式住宅。

　　结合陕西新型农村社区的发展建设情况，将其分为五大类，包括中心村带动型，即村民居住较为集中、人口较多、基础设施较好、特色产业较突出的行政村建立起来的社区；整体搬迁型，即因自然灾害损毁、人居环境恶劣、生态环境保护、土地征用等原因，进行整体搬迁后建成的社区；村变社区改造型，即通过城市规模扩张、城中村改造、村集体股份制改造等原因，使农民变为市民，使原农村村委会演变成为社区居民委员会；产业集聚型，即围绕产业集聚区建设的板块型住宅社区；镇变派出型，即由原乡镇机构改革中被撤并的乡镇政府所在村建立起来、作为新组建乡镇政府的派出机构，并行使政府服务功能的社区。

【案例】礼泉县白村

　　白村新型农村社区是陕西省土地增减挂钩试点建设项目（图2-12）。社区建设突出资源节约和环境保护，实现"四化、四通、十有"标准。"四化"是道路硬化、环境美化、路灯亮化、污水净化。"四通"是通电、通水、通暖气、通天然气。"十有"是有社区管理服务中心、红白事理事中心、社区疗养中心、学校、卫生院、广场、戏楼、仿唐商业街、公交站点、通信网络系统。通过完善的设施和优质的服务，将新社区打造成全省"城乡一体化最美社区，最佳生态宜居社区和最优文明管理社区"。

　　白村社区在建设过程中始终坚持规划引领，产业先行，按照现代农业的发展要求，较好地完成了传统农业向现代农业的升级改造。种植业、养殖业、旅游观光、创意农业、农耕体验、电子商务、仓储物流等新产业不断涌现，龙头企业、农民合作社、种养大户等新型经营主体不断壮

图2-12　白村新型农村社区规划与实景

大，农业产业化水平走在关中地区前列，目前建有万亩现代农业观光示范园、现代农耕文化体验园。

四、乡村人居环境整治

改善乡村人居环境，有利于提升特色农业现代化建设，有利于为乡村振兴产业发展提供空间环境保障，有利于发展绿色生态乡村旅游，是实施乡村振兴战略的突破点，是助推乡村振兴发展的必要途径。

陕西省自2012年以来，大力推动全省农村环境综合整治工作。截至2017年，全省累计投入财政资金31.39亿元，在90个县（市、区）、997个乡镇（街办）、5210个建制村（社区）实施农村环境综合整治示范工程，共建成生活污水处理设施1185处、饮用水水源保护工程2431处、垃圾中转及处置设施231处、畜禽养殖污染防治设施1821处，配备生活垃圾收集车2.36万辆，受益人口近880万。

1. 因地制宜、分步引导

改善农村人居环境工作要综合考虑乡村经济社会发展条件等因素，因地制宜，针对不同县市区、不同村庄提出不同的整治任务和整治标准。通过分层次、分步骤引导改善村庄人居环境方式，逐步实现建设清洁乡村、生态乡村、美丽乡村目标。

【案例】商洛市金丝峡镇太子坪村——垃圾热解气化

陕西省商洛市商南县金丝峡镇利用国内先进的热解气化技术，投资680万元，在太子坪村建成全省首家垃圾热解气化厂，通过气化与燃烧，使有害物完全分解，达到无害化处理的目的，填补商洛市乡镇一级生活垃圾无害化处理的空白（图2-13）。另外，探索实施居住生活垃圾运输处理第三方运营机制，在政府验收、考评前提下，垃圾运输处理交给清洁

图2-13 太子坪村整体风貌

服务公司处理，明确公司权责。目前，太子坪村已投入用于垃圾清运处
理的各类垃圾池、垃圾箱、果皮箱、垃圾收集屋、运输车、密闭式垃圾箱，
为百姓创造舒适、宜居的生活环境。

2. 集中整治、明确方向

各市、县在村庄整治规划的指导下，集中整治乡村生活环境，优化乡村生态环境，全面改善和提升农村生产生活条件，以农村垃圾、污水治理和村容村貌提升为主攻方向。

【案例】铜川市水峪村——卫生厕所成为农村文明新标识

水峪村位于铜川市耀州区城北8km，以建设富裕、文明、和谐新水峪为目标，以户厕改造为治理农村脏乱差的突破口，大力推进村容村貌综合整治。通过建立村、组干部和巷长宣传改厕益处；以干部、党员、村代表、致富人带头改厕的方式，化解村民的担忧；多方争取资金，解决改厕资金问题；逐步通过建筑功能布局的重新规划，全面完成全村门前旱厕的拆除工作（图2-14）；对村民房屋进行改造，设置双瓮漏斗水冲式卫生厕所，实现了农村真正的"厕所革命"，培养了农民群众新的卫生习惯；门前的旱厕变成了郁郁葱葱的树木花草，街巷开阔，环境优美，出行方便。

3. 试点先行、以点带面

整治行动采取试点先行、稳步推进的工作步骤，通过试点形成可复制、可推广的好经验、好做法，以点带面推动全面开展。

4. 乡景营造、留住乡愁

统筹兼顾农村田园风貌保护和环境整治，注重乡土味道，村容村貌方面强化地域文化元素符号，保护乡情美景，促进人与自然和谐共生，村庄形态与自然环境相得益彰。

【案例】柞水县朱家湾村

朱家湾村位于柞水县牛背梁南麓，风光优美、文化多样，有"天然氧吧"之美誉。在乡村人居环境建设中，结合资源、生态、区位优势，

图2-14　旱厕拆除后开阔、整洁、优美的村庄环境

立足山、水、田、园等现实条件，大力发展乡村旅游经济，形成了社会、经济、环境共同发展的特色乡村，被评为全国首批"最美休闲乡村"，在乡村整体风貌上呈现出传统与现代景观相融合的特色。以山体为背景环境，整体呈现"远处群山，近处田园、村落点缀"的景观风貌特色（图2-15），村落内部处处可见山。秉承"农耕文化为魂、美丽田园为韵、生态农业为基、创造创新为径、古朴村落为形"的理念，营造古朴自然的乡村整体风貌。村内公共区域通过土墙篱笆、石磨瓦罐、柴垛耕具、油灯线车设计，唤起乡愁记忆的同时也对民俗文化予以传承，与大秦岭融为一起。同时，传统与现代风貌相融合的民居建筑群与山水生态环境交相辉映，田园风情浓郁。改造传统民居，墙面全部采用特色土坯墙，

全土夯建设，墙体冬暖夏凉，既是对传统营造的继承，也凸显生态化营造理念（图2-16）。对乡村庭院进行改造，既体现乡土文化气息，也融入现代园林营造理念，形成多元化景观环境（图2-17）。

图2-15　远处为山、近处为田的特色人居空间景观风貌

图2-16　传统建筑群的景观化整治与提升，凸显乡村田园气息

图2-17　传统风格与现代园林造景相融合的乡村民居

5. 协商共治、激发动力

充分运用美好环境与和谐社会"共同缔造"的理念，着力构建纵向到底、横向到边、协商共治的乡村治理体系。明确牵头责任部门、实施主体，要把政府服务落实到基层，充分尊重村民意愿，建立政府、村集体、村民、乡贤共谋共建共管共评共享机制。提升村民参与人居环境整治的自觉性、积极性、主动性。

【案例】延安市黄陵县官庄村——因地制宜、分类改厕

官庄村在改善农村人居环境过程中，考虑本地区区域特色，尊重村民意愿，因户施策确定不同改厕和污水处理方式（图2-18）。包括：针对普通家庭采取无水马桶+三格式化粪池；选择农户试点安装蹲便+污水处理设备；针对较为集中的农家乐和公共厕所，采取三格式粪池+大型污水处理设备；针对原本家中建有沼气池的农户，采取无水马桶+废旧沼气改厕的四种方式。将厕所粪污与生活污水有机结合，在北方寒冷缺水地区实践出一套节约环保、可持续的改厕方法，极大提升村庄人居环境。

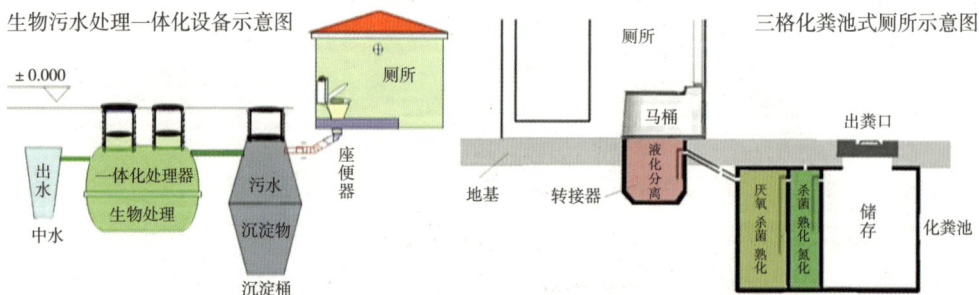

图2-18 官庄村生物污水处理一体化示意图

6. 建管并重、长效运行

坚持先建机制、后建工程，推进投融资体制机制和建设管护机制创新，切实加强统筹协调，加大地方投入力度，强化监督考核激励，确保各类设施建成并长期稳定运行。

【案例】渭南市大荔县——推进全域人居环境治理

大荔县近年来从环境卫生整治入手，按照"整县推进、三村创建、产业融合、三农转型"的总体思路，全域同步推进美丽乡村建设，实现了人居环境由"脏乱差"到干净整洁的转变，形成整县推进乡村综合整治模式。大荔县运用系统思维，以创建全域农村公园为统揽，在全域统筹规划、美丽乡村建设规划、镇村发展规划、乡村旅游规划指导下，明确卫生整治、基础完善等6项重点工作，开展"三村"创建，100%的村建成清洁乡村，40%的村建成了美丽乡村，15%的村建成了幸福乡村。全面实施五年大栽树行动，每年植绿2000万株，高标准建成环村林带172个，"三河水韵、生态大荔"特色日益彰显，推动了由人居环境"脏乱差"到清洁美丽、由传统产业到旅游和体育经济蓬勃兴起，在全国叫响了"乡村振兴看大荔"品牌。

五、美丽乡村建设

在党的十九大报告指引下，美丽乡村建设将进入一个新的阶段。美丽乡村建设是美丽中国建设的重要组成部分，与乡村振兴战略在不同层面上互为犄角。其是乡村振兴战略落地的关键抓手，服从于乡村振兴战略的总体安排，是实施乡村振兴战略在措施层面的重要手段，与乡村振兴战略共同构成了新时代"三农"发展的基本骨架，是提升改善农村落后生产条件和生活环境的一项重大民生工程。

（一）建设措施

近年来，为体现"望得见山、看得见水、记得住乡愁"的发展理念，反映美丽乡村的生态美、生活美、生产美和行为美，陕西省重点从村庄建设、生态环境、经济发展、公共服务、乡风文明、基层组织、长效管理几大方面做出了建设引导，为陕西省在乡村振兴发展下破解"三农"问题、统筹城乡发展和全面建成小康社会等方面奠定了基础。

1. 保护生态环境、提升空间品质

注重三生（生产、生活、生态）空间的合理安排，遵循因地制宜、节约用地原则，保护有价值的生态因子，整治人居生活环境，努力提升农村空间品质是美丽乡村建设发展的基础。

2. 发展特色产业、健全服务设施

注重围绕农业的衍生产业的发展，做好产业的前端和后续，挖掘经济价值，发展新型特色产业和旅游，健全公共服务与基础设施，如村内道路、供水、网电等基础设施，技能培训、乡村书屋等公共服务设施是美丽乡村建设富民的核心。

3. 完善管理体系、传扬文明乡风

完善民主管理体系，鼓励村民和公众参与，落实和谐社会"共同缔造"理念，通过文化墙、村史馆等形式合理利用乡村民俗文化、农耕文化，传扬文明的家训、乡风，挖掘社会、情感价值，将村民的精神文明和物质文明建设相结合是美丽乡村建设安居的保障。

（二）分类案例

结合陕西省美丽乡村建设的实际情况，按照"现代农业发展型、民俗文化体验型、生态保护型、现代集约型、农村观光旅游型"等类型，从村庄建设、生态保护、产业发展、公共服务、长效管理等方面提炼总结相关案例，以期在新时期提升我省美丽乡村建设水平工作中提供经验借鉴。

1. 汉中市南郑区阳春镇陈村——农业观光旅游型

汉中市南郑区阳春镇陈村地处阳春镇东北部，梁山南坡浅山区，距镇政府12公里。2017年被列为汉中市市级美丽乡村建设标杆村。

（1）保护与整治——村庄通过大力推进矮化银杏、红豆杉、有机蔬菜、油用牡丹等有机高效生态农作物、植物的种植，加强了河流水库的生态环境保护。同时，村庄遵循节俭节约、融入本土元素、突出乡村韵味的原则，通过房屋立面整治、拆除土坯房105间、治理沟渠1900m、成立陈村环卫站、添置垃圾桶184个、垃圾箱10个、垃圾清运车3辆等措施，使得村庄人居环境得以整治。

（2）建设与利用——陈村在产业方面，发展乡村旅游、休闲观光农业，培育苗木、花卉、水果等特色产业，在设施建设方面，完善道路环线、停车场、公厕等基础设施和配套服务设施，建设陈村—苇池旅游环线道路，完善村庄服务设施，如村庄便民服务大厅、标准化的党员活动中心、信访调解室、图书室、"爱心超市"等设施（图2-19、图2-20）。

2. 陕西铜川玉门村

玉门村地处陕西省铜川市耀州区北部山区。玉门村依托自身丰富的

图2-19　结合地形环境立体化建设田园游览活动区

图2-20　传统与现代融合的建筑风貌

自然资源，优越的自然条件，宜人的景色和产业的发展，先后当选铜川市、耀州区两级新农村建设示范村和陕西省美丽宜居示范村。

（1）保护与整治——玉门村注重生态环境的保护和村容村貌的整治，在保护生态环境方面采用退耕还林措施，使得生态环境得以改善、森林覆盖率达到85%。此外，不断美化村容村貌，提升村子形象，绿化巷道8700m，安装路灯157盏，实现了新村绿化、亮化、美化全覆盖。

（2）建设与利用——玉门村全面实施"工业强基、养殖富民、旅游兴村、文化育人"战略，大力发展新农村建设（图2-21、图2-22）。在服务配套设施建设中，建成群众健身娱乐广场、社区服务楼、便民服务站、图书馆和文化娱乐室等一系列设施；在基础设施建设中，采取硬化巷道和修筑排洪渠等措施，保障了村民基础设施需求；在振兴村庄产业上，玉门村依托丰富的沮河水资源、秀丽的自然风光，大力发展集休闲、

图2-21 玉门村山水生态环境

图2-22　园林式综合服务中心

垂钓、娱乐为一体的渔家乐旅游产业。同时，加快渔业养殖产业发展，打造玉门村"一村一品"渔业发展。

3. 商洛市商南镇任家沟村——农业观光旅游型

任家沟村处于县河和鸡公峡河交汇处。从商南县城向南，经气势恢宏的县文化广场、鹿城公园和宽阔的迎宾大道便可到达。任家沟村是省级乡村旅游示范村，被陕西省人民政府命名为"全省新农村建设示范村"。

（1）保护与整治——任家沟村以环境整治为核心，主要通过采用白墙、青瓦、马头墙、扇形画及镂空窗棂等统一建筑要素，硬化进村入户道路和院落，刷漆装饰统一民居，全面清淤整治河道沟渠对人居环境进行整治。此外，配置垃圾箱、垃圾车和保洁员，垃圾日产日清，形成了协调美观的"路、水、园"整洁的人居环境。

（2）建设与利用——任家沟村在设施建设方面，设有活动室和图书室、党员活动室，配有图书馆、村部广场、篮球场、羽毛球场、乒乓球桌等各类健身器材，建有景区医务站、游客咨询服务中心等服务设施。在产业发展方面，推广种植高山茶叶，建设集种植、加工、销售、观光、品尝为一体的茶叶深加工厂，建设具有休闲农家乐、垂钓烧烤园、千亩观光茶园、农事体验、田园风光拍摄等项目的旅游度假园区。目前，任家沟村在"村庄环境整治、公共基础设施完善、特色产业体系培育、打造旅游景点"等方面的工程已逐渐开展。

（3）成就与发展——近几年，任家沟村的快速发展使得95%的农户住上了小洋楼，三分之一的农户购置了小轿车。未来，任家沟村将打造"春天像花园、夏天像乐园、秋天像果园、冬天像公园"的秀美景象，做大乡村旅游产业，做强农村经济，把任家沟村建设成为陕西省乃至全国知名的美丽乡村（图2-23）。

4. 汉中市南郑县黎坪镇瓦石溪村——现代农业发展型

瓦石溪村位于陕西省南郑县，距县城69km，距黎坪集镇1.5km，村域内西流河和汉黎公路穿村而过，村庄生态环境优美、产业功能多元、村容景致独特、精神风貌良好。在2017年成功入选"中国美丽休闲乡村"。

（1）保护与整治——瓦石溪村通过全面加强生态环境保护，不断改善大气、水环境质量，使得环境质量得到明显改善。此外，不断加强人居环境整治工作，新增垃圾收集车1辆，垃圾桶119个，安装路灯20盏，"三改"110户，房屋立面整治60户，栽植绿化树200株。

（2）建设与利用——瓦石溪村通过建设环山步道，硬化通村道路，实施美化、亮化、硬化、绿化工程等工程项目，合理利用生态环境，建

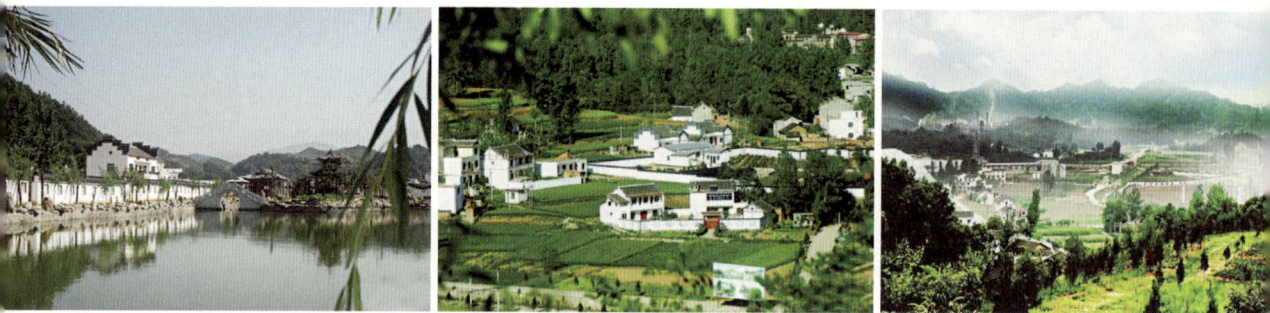

图2-23　任家沟村外景

成了小杂果采摘休闲体验区和高山蔬菜游客参与式种植体验区。此外，村庄注重推动绿色发展及融合发展，注重农耕文明、田园风貌、民俗文化传承，注重农业生产功能与休闲功能有机结合、丰富乡土民俗文化内涵，通过一、二、三产业有机融合，有效地促进了农业增效、农民增收、农村增美。

（3）成就与发展——近几年，通过大力推进美丽乡村建设，瓦石溪村年接待游客超过30万人次，旅游经济收入占全村经济总收入50%以上，带动就业人数1000人以上的成就。未来，瓦石溪村将争取努力成为一个生态文明、功能多元、精神风貌良好的美丽乡村和全国闻名的旅游精品村。

5. 安康市平利县龙头村——民俗文化体验型

龙头村位于平利县城关镇东南5km处，村庄依托良好的生态环境和优美的田园风光，以及大巴山层峦耸翠、清澈河水绕村流过、连片徽派建筑错落有致排列的乡村风貌，先后被评为中国最美休闲乡村、全国美丽宜居示范村庄，入选第五届全国文明村。

（1）保护与整治——龙头村通过大力种茶、植柳、栽竹、养花方式，巩固山护、水养、绿绕的生态屏障。全面推进农村环境治理，完善美丽乡村管理机制，使得村庄在环境管理层面逐步走上制度化、规范化道路。

（2）建设与利用——龙头村利用周边良好的生态环境和优美的田园风光，通过打造垂钓休闲中心、秦楚农耕文化园、登山旅游步道、水上乐园、花卉盆景园、七彩山鸡园、民间婚俗乐园等民俗景点，建成了一条融古典建筑与现代商贸于一体的步行街、乡村客栈、传统手工作坊、特色旅游产品展销店等服务设施。目前，龙头旅游新村已形成了"吃、住、行、游、购、娱"一体化的旅游格局（图2-24、图2-25）。

6. 榆林市榆阳区古塔镇赵家峁村——生态保护型

赵家峁村位于榆林城东南，为榆阳区古塔镇余兴庄办事处所辖村，其是远近闻名的黄土风情与现代风格相融合的休闲度假村，先后被评为中国美丽田园、陕西省首批美丽乡村标准化试点村。

图2-24　依山傍水、错落有致，山水田园乡村交融的龙头村

图2-25　白墙、灰顶、绿水青山、蓝天、红花共筑多彩乡村景观

（1）保护与整治——赵家峁通过实施退耕还林、水土保持、生态修复等工程，实现流转土地5300亩，退耕还林2567亩，使得村域生态环境质量得以改善。同时，生态环境的保护使得农机农技、农田水利、农资农网等要素得以高效整合。

（2）建设与利用——在产业建设上，村委通过"确权确股不确地"的土地产权使用模式、农业基本经营制度与各种创新模式相互结合的产业模式，实现了资源变股权、资金变股金、农民变股民的重大转变。此外，村庄坚持因地制宜、产业融合原则，运用产权制度改革优化产业结构，发展"文化+"休闲农业，建成了饲料加工厂、采摘果蔬大棚、杏树文化观光院等现代农业设施，形成了包含水果种植、舍饲养羊、高标准农田示范、生态经济林、旅游观光五大产业的现代农业产业村落。

（3）成就与发展——通过几年来持续不断的乡村建设，赵家峁村人均纯收入10679元。未来，赵家峁村将按照"大美榆阳文化旅游""杏花

图2-26　杏花溪谷、峁上人家的赵家峁村整体风貌

溪谷·峁上人家""老家记忆·难忘乡愁"的总体思路（图2-26），继续以村集体产权制度改革为动力，建设"一山一水一片绿，宜居宜业宜旅游"的美丽新村。

7. 铜川市耀州区石柱镇马咀村——现代集约型

马咀村位于铜川市耀州区石柱镇西部边缘，地处渭北高塬至黄土高塬之间，村边植被繁茂，钟灵毓秀，魅力四射，一年三季花飘香。近年，荣获了全国文明村、全国一村一品示范村、中国乡村旅游模范村、国家级最美丽宜居示范村庄等多项荣誉。

（1）保护与整治——马咀村通过保护周边生态环境，退耕还林和治理水系等措施，实现了"村在林中、院在绿中、人在景中、路在树中"的农村生态格局。此外，马咀村通过每年举办的涂鸦比赛，使建筑墙体得到极大美化，提高和改善了村容村貌。

（2）建设与利用——马咀村通过打造富裕农民、提升农业、美化乡村的新型产业，把欧洲风情小镇作为新的发展方向，结合村子地形、环境、区位等优势大力发展现代休闲农业和乡村旅游业，引导旅游产业和休闲农业融合发展，实施马咀田园都市项目，推进了美丽乡村建设。

（3）成就与发展——近几年，马咀村通过积极推动美丽乡村建设（图2-27），全村农民人均纯收入18600元，游客接待量突破30万人次，综合收入达到300余万元的成就。未来，马咀村将以"欧洲风情小镇""欧式婚礼产业中心及摄影外拍基地""西安前花园"为目标打造乡村。

六、传统村落保护利用

传统村落又称"古村落"，是拥有物质形态和非物质形态的文化遗产，具有较高的历史、文化、科学、艺术、社会、经济价值，并且传承着民族的历史记忆、生产生活智慧、文化艺术结晶和民族地域特色，维系着中华文明的根，是乡村振兴"留住乡愁"的重要物质载体和文化符号。

图2-27　石柱镇马咀村外景

（一）重点措施

近年来，为保护和弘扬优秀传统文化精神，留住乡愁，陕西省在传统村落保护、传承和利用方面重点采取五大措施，与美丽乡村建设和乡村旅游发展较好融合，为陕西省在乡村振兴发展新常态下破解"三农"

问题、统筹城乡发展和全面建成小康社会等方面作出了榜样。

1. 保护与修复——格局风貌是留住乡愁的重点

在传统村庄建设中，保护和整修传统民居、古建古树及文物古迹等历史文化遗产及乡土特色元素，破损的按原貌加以修缮、利用，保持、延续、修复村落传统格局和历史风貌。

2. 传承与再现——文化特色是乡风文明的展现

保护民族服饰、农民艺术、民间传说、农谚民谣、民俗活动、传统手工艺技能、农业文化遗产及非物质文化遗产；传承村庄历代名贤的思想观念、文化传统、文史典籍挖掘整理；挖掘民俗风情、历史沿革、典故传说、名人文化、村规民约、祖训家规等乡村特色文化。

3. 开发与利用——价值挖掘是产业富民的核心

合理利用文化遗产。挖掘社会、情感价值，延续和拓展使用功能。挖掘历史科学艺术价值，开展研究和教育实践活动。挖掘经济价值，发展传统特色产业和旅游。

4. 改善与提升——设施建设是安居乐业的基础

改善基础设施和公共环境。整治和完善村内道路、供水、垃圾和污水治理等基础设施。完善消防、防灾避险等必要的安全设施。整治文化遗产周边、公共场地等公共环境。

5. 机制与政策——制度健全是振兴实施的保障

建立健全法律法规，落实责任义务，制定保护发展规划，出台支持政策，鼓励村民和公众参与，建立档案和信息管理系统，实施预警和退出机制。

（二）分类案例

陕西省传统村落历史悠久、种类丰富、特色明显。共有323个具有陕北窑洞、北方传统四合院、关中四合院、关中地坑窑、陕南徽派院落特色的传统村落确定为陕西省传统村落。有71个传统村落已列入中国传统村落名录。

结合陕西省传统村落保护与利用的实际情况，具体分为三大类，包括历史文化名村，即文化遗存型传统村落；传统村落，即保存完好、旅游驱动型的传统村落；特色景村，即仍处于自然的原始状态的传统型村落，是陕西省长期以来开展保护修复、资源利用和实施建设工作的重点。

1. 历史文化名村

（1）韩城党家村

党家村位于陕西省韩城市西庄镇，泌水河谷地之阳高岸上形似"葫芦"的风水宝地（图2-28～图2-30）。距今已有近700年的历史，是陕西传统村落的典型代表，誉为"东方人类古代传统居住村寨的活化石"，确定为"中国历史文化名村"，列入"国际传统民居研究项目"。

1）保护与修复——近年来，党家村把村庄保护作为工作的重点，严格执行保护规划，按照不改变文物原状的原则进行修缮，不随意拆掉旧材料、不以"新"代"旧"、以"洋"代"土"、以"今"代"古"，注重保护古村的历史风貌和农村文化风情。完好保存了城墙、看家楼、泌阳堡及夹层墙哨门等攻防兼备古代防御体系，四合院式的明清民建筑以及11座祠堂、庙宇、戏台、文星阁、节孝碑等古建筑。

2）建设与利用——党家村以古村落保护为基础，大力推行古村旅游发展，提升村庄旅游交通，对108国道等多条道路进行整修与拓宽；完善

图2-28　韩城市党家村——中国历史文化名村

图2-29　砖木结合、四合院式的传统古民居

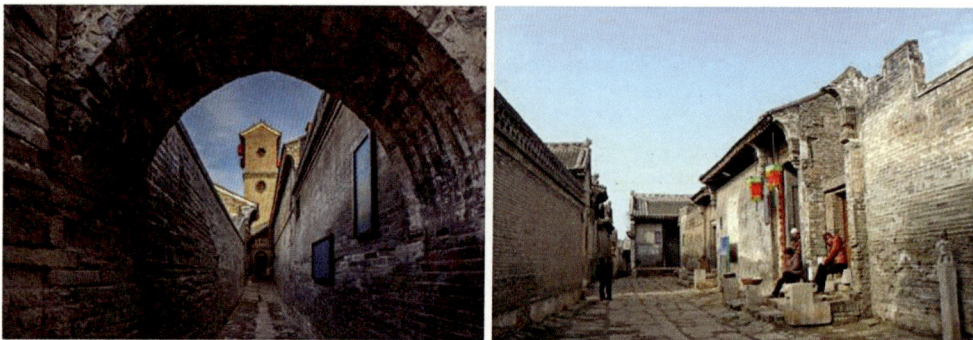

图2-30　古老的石砌巷道和形式多样的高大门楼

旅游服务，新建旅游服务中心、生态停车场、农家乐、餐饮、宾馆、旅游厕所、安全设施等；加强综合管理，带动村民增收；保护资源，推进泌水河水环境整治，着力打造绿色景区，提高游客和村民的环境品质，打造陕西完美旅游村寨、生态文明景区。

3）成就与计划——全年接待游客人数51万人次，营业收入约612万元，为村庄的全面振兴和旅游兴旺发展带来机遇与条件。计划全面完善村庄修复与建设，创建党家村5A景区，力争入选世界文化遗产名录。

（2）杨家沟村

杨家沟村位于陕西省榆林市米脂县杨家沟镇（图2-31），由马氏地主

图2-31　通过嵌入山体的四合院聚落将多元文化与地域环境融合于一体

庄园和毛泽东、周恩来等召开的著名"十二月会议"而得名，是陕西省重要的爱国主义及国防教育基地、中国历史文化名村和红色旅游龙头。

1）保护与修复——村庄完好保存了历经几百年的"窑洞四合院"和靠山窑以及马家后人融入西方拱券式造型的杨家沟革命旧址，整体基本保持古窑洞村落的原始风貌。最大可能地对黄土文化、革命文化与马氏家族的家族文化价值、历史价值、艺术价值进行传承与利用；传统村落的保护与红色旅游的发展完美融合（图2-32、图2-33）。

2）建设与利用——由政府开展精准扶贫工作，推动杨家沟村成立米脂县首家由村集体管控的"村集体+贫困户+非贫困户"的股份制养殖合

图2-32　通过建筑风格、主题功能、景观设施将红色、民俗与黄土文化有机融合

图2-33　窑洞四合院民居——地域性材料运用于地域材质表达风貌特色

图2-34　因形就势、本土营造——杨家沟村乡村整治提升规划图

作社。通过多方融资完成各类投资300多万元，修建养殖场和通村道路、架设桥梁，改善基础设施条件，扶贫工作成效显著，目前已经成为全市扶贫工作的亮点（图2-34）。

　　3）成就与计划——杨家沟已列为省重点文化发展类项目。在古村落、革命旧址保护维修基础上，逐步推进村民整体搬迁安置，建设杨家沟旅游景区；完善旅游服务设施，如实施景区门户区建设；提质基础设施，如厕所生态建设、环境整治、美化绿化等多项举措。通过进一步的文化挖掘，不断提升文化价值，增强旅游体验活动，构建影视基地，全面建设红色旅游景区和爱国主义教育基地。以杨家沟村为核心建设巩家沟葡萄基地、艾家峁苹果基地、岳家岔小杂粮基地，开展各类采摘和农事体验活动，鼓励发展农家乐和开发本地特色旅游产品，促进村民增收致富。

（3）柏社村

柏社村位于咸阳市三原县新兴镇西北部黄土台塬，村庄始建于晋代，距今1600多年村庄因历史上广植柏树而得名"柏社"。村庄传统建筑整体以下沉式窑洞为主，是关中平原遗留规模最大的地坑窑聚集村落（图2-35），具有鲜明的风貌特征。

图2-35　地平线下的村落

图2-36　下沉式特色窑洞建筑群

1）保护与修复——在《三原县柏社古村落保护与发展规划》指导下，逐步将村民移居"地上"进行安置，柏社村独特的环境风貌和传统生土建筑形式，历史建筑和文物建筑得到了整体保护。

2）建设与利用——目前，柏社村在村庄保护的基础上，以旅游发展为重点，建设接待中心，恢复南门、戏楼等遗址，深入挖掘明清古街的作坊文化等。另外，对部分地坑窑洞进行改造，形成特色旅游项目。

3）成就与计划——通过地坑窑洞独特魅力（图2-36），吸引美院等科研高校与单位的研究与改造建设，计划将居民整体搬迁安置，将村庄打造成为"天下地窑第一村"和"国家生土建筑博物馆"。

2. 传统村落

（1）礼泉县袁家村

袁家村坐落在陕西省礼泉县烟霞镇唐太宗李世民陵山下，具有浓厚的关中历史文化遗存。

1）开发与利用——村庄发展以村民作为开发主体，以村集体经济发展为核心，在村庄本底保护基础上，以关中民俗文化为主题，建设集关中民俗文化体验、文化艺术博览、休闲度假为一体的中国乡村民俗旅游文化高地；特色文化旅游产业引领农产品加工、农业种养殖三产融合发展的乡村振兴传统村庄典范（图2-37、图2-38）。

2）保护与建设——作为关中传统建筑迁地营建典型，袁家村很好地阐释了传统村落保护、建设与旅游发展、民俗展示及文化传承之间的互融共生关系。打造"关中灶台"，活化展现关中平原乡土文化，提振乡风特色，传承乡愁记忆（图2-39）。

图2-37　调节街巷严整空间氛围的水系绿化景观

图2-38　体现乡土文化气息的小品景观环境设施

图2-39　丰富多变的街巷空间

（2）合阳灵泉村

灵泉村位于合阳县东黄河西塬畔上，三面环山，它是一个有着至少超过二千年历史和灿烂黄土文化的悠远乡村。2013年先后荣获"中国传统村落名录"和"中国历史文化名村"称号，2015年被中国生态文化协会命名为"全国生态文化村"。

1）保护与修复——村内西南部分的老城墙保护完好，后期对其进行过修复与重建，部分院落和建筑保护完整，还发挥着居住的功能。三义庙、党式祠堂为县级文物保护单位，2016年灵泉村委会对其进行过修复工作。村内传统院落的门楼、照壁、侧壁以及木雕、砖雕、石雕雕刻精美，拴马桩、上马石、门墩、础石等均在保护之下面貌完整（图2-40~图2-43）。

2）建设与利用——灵泉村启动传统风格"新民居"援建项目，落成的25套新民居总体布局追求田园风格，方便农户在住宅周围种花种菜、经营农家乐等；外观传承陕西关中地区明清建筑的"坡屋顶"等风格，

图2-40 细致精美的砖雕木雕石雕图案

图2-41　保存完好且仍在使用的传统民居

图2-42　村南面瓮城城门

图2-43　修复后的党氏祠堂

回应村民对老宅子的怀念；室内布局将厨房和卧室分开、洗浴室与厕所
分开等满足生活实用功能。在产业发展上，灵泉村利用处于洽川和福山
两个国家级风景名胜区之间的优势，将经济发展向旅游方面聚焦，实施

了规模化栽植葡萄，在景区沿线已发展了30家红提葡萄农业休闲观光园。

3）成就与计划——灵泉新村的田园式规划和民房修建理念被借鉴到"洽川风景名胜区旅游服务区规划设计方案"当中。当地新建民房越来越多地吸纳了当地的传统建筑元素，项目理念得到了宣传和推广，村子的影响力和知名度在不断提升。同时，村内充分利用旅游资源，农民收入不断提升。灵泉村以全县美丽乡村建设为契机，以坊镇省级美丽乡村建设试点和坊镇全国重点镇为载体，以打造"印象灵泉"为目标，对村庄进行了测绘，计划通过合理规划让古村成为安居乐业的美丽家园。

（3）生态建设新典范——高西沟村

高西沟村位于米脂县城东北20km处，是全国最先、最早走生态化建设道路的农村。荣获"全国农业旅游示范点""中国最有魅力休闲乡村""榆林建设社会主义新农村示范村"等称号。

1）保护与修复——高西沟村完整保护陕北地区传统村落的风貌，并且在有限的土地上，通过征山治水运动，把一个荒山穷沟治理成为一个陕北黄土高原丘陵沟壑区的生态建设典范（图2-44），创造了"水不下山，泥不出沟"的奇迹，实现了人与自然和谐相处，经济与社会协调发展的目标。

2）建设与利用——按照因地制宜、合理用地、宜粮则粮、宜林则林、宜牧则牧的原则，形成了全面规划、集中治理、沟坡兼治、林草齐上、长短结合的发展思路，制订了"山上缓坡修梯田、沟里淤地打坝堰、近村阳坡建果园、弃耕坡地种牧草"的规划。坚持沟坡兼治、林草齐上，山上造林修梯田，沟掌打坝，以此保持水土，实现粮食增产。高西沟村一步一个脚印前进，走出了广种薄收的恶性循环，闯出了一条农林牧全

图2-44　治理前后高西沟村的生态变化

面发展的路子。

3）成就与计划——高西沟村农业旅游示范景区建设已具规模，水保生态展馆、松柏生态林区、庙梁山观光区、生态果园区、人造平原旱作农业示范区、梯田盘山景观区、休闲农家窑洞和农家游乐园各具特色，吸引了大批游客前来观光休闲。

（4）铜川孙塬村

孙塬村位于铜川市耀州区南部，是一代药王孙思邈的出生地，村堡寨堡墙为生土夯实而成，四向均有城门（"文革"时被毁），村内古堡从考证和记载分析属于明代规划设计建筑而成，有千年的文化地域特色。1992年被陕西省人民政府公布为第三批重点文物保护单位，2000年被国家旅游局评定为4A级旅游景区，2013年入选首批中国传统村落。

1）保护与修复——村内保存有大批明末清初的关中式民居院落，其中保护较好的李日红家已被列入耀州区文物保护单位。药王祠、孙塬戏楼、药王幼读遗址等公共建筑完好保护，仍有当年的时代气息，挂牌的古树名木有7株千年古树和1株名木。千百年来一直流传着的"二月二古庙会"和孙塬村"十对花"被列入市级非物质文化遗产。

2）建设与利用——在保存村内整体格局、风貌与街巷空间的基础上，对道路街巷进行了改造，改善村民生活条件的同时为村内发展旅游奠定基础。村上在农业生产结构调整中，倡导和扶助村民开展中药材种植，逐步形成特色种植景观，与药王故里文物旅游相得益彰，比较集中地突出了药王故里"药游"特色，村民也围绕故里旅游相继开展家庭旅社、特色餐饮、特色旅游纪念品销售，客运设施与服务。

3）成就与计划——通过传统节会和日常促销，使每年的旅游人数达到20多万人次，实现旅游总收入500多万元，同时，旅游发展带动了苹果、花椒等农产品销售，改善了该村投资环境。

（5）绥德县贺一村

贺一村位于绥德县白家硷乡，该地区属丘陵地带，村落历史悠久，由清朝党氏家族修建，是国务院批准的国家级重点文物保护单位"党氏庄园"所在村。党家在丘陵起伏之间选择了一处山环水抱、林茂草肥的地方作为基址，依照地势的高低走向规划院落，平地建房，山坡挖窑，形成了集窑洞、瓦房、四合院为一体的建筑群，是陕北高原上最完整、最具有特色的城堡式民宅群落。

1）保护与修复——村落整体肌理风貌保护完好，原党氏庄园寨门、寨墙都保持着原有风貌。棱门院墙、穿廊挑石、内外影壁、匾额题刻以及精美的石雕、砖雕和木雕保护完好，具有极高的艺术价值和文化品位（图2-45）。

图2-45　树木掩映下的党氏庄园

2）建设与利用——按照"改善基础设施、调整产业结构、保护开发党氏庄园"的要求，当地不断加强基础设施项目工程建设。在大峁口修建大坝一座，修建环山路6km，在麻虎塌修建大坝一座，新修洪水道60m，修建生产道路400m。

3）成就与计划——计划对该党氏庄园进行复原性维修，并将婚嫁习俗、丧葬礼仪、人生礼俗以及陕北名优小吃制作工艺和石碾、石磨等农家用具融入其中，打造文化、娱乐、休闲、度假为一体的综合旅游区，集中展示黄土文化，并力争将其打造成民俗文化影视拍摄基地（图2-46）。

图2-46　黄土高原上的城堡

（6）富平县莲湖村

莲湖村位于富平县政府驻地西北1km处，北临温泉河，东毗杜村堡，西接连城，南临西禹路，是富平老县城所在地。村落选址于中山原余脉之上，四周川原相间，地势中间高而四周略低，是我国唯一一座保存较为完整的斩城，入选"中国最美传统村落"。

1）保护与修复——较为完好地保存了村庄的整体格局，村落抬起约十几米高，有明显的城墙遗址。同时，文庙、武庙、老县衙、藏书楼、望湖楼、冯子明故居等数处古建筑及10多处代表关中地区传统住宅形式的明清民居院落被较为完好地保护下来。

2）建设与利用——莲湖村在建设过程中未使用混凝土等现代材料铺装，选用青红砖与古建筑较好融合。规划通过整合区域文化资源，结合自身特色，形成富平县文化旅游格局；引入触媒理念，结合场所营造，提出空间重建策略，以"一座斩城、一曲宫腔、一道泉河"为源，以"城池文化、军事文化、民俗文化"为魂，以传统街巷为体，再塑老县城古韵风貌。

3）成就与计划——计划以红色文化和高阜城池文化为主题，恢复斩城"三街十巷四门四景"为核心，进行旅游产业整合，打造全国第一个"科技+文创"的古城景区。

（7）旬邑县唐家村

唐家村位于陕西省咸阳市西北方向的旬邑县，坐北朝南，村庄布局错落有致，结构紧凑。其得名于明末清初名扬西陲的"三水唐家"，也就是后来规模庞大的唐家大院。此外，唐家第六代地主唐廷铨陵墓与宅院一体布置，是我国现存古村落中较为罕见的布局形式。

1）保护与修复——唐家大院保护完好，现已辟为民俗博物馆，展示清代农村富豪人家的生活习俗，是省级重点文物保护单位，也是陕西省少有的保留较为完整的古代汉族民居（图2-47）。唐家民俗博物馆完好保存有藏品618件，大部分为民俗文物，曾出版《唐家民俗馆要览》。宅院内150余间房子、唐廷铨的陵墓和石牌坊以及图案精美、细腻的砖雕、木雕、石雕等在保护之下仍面貌完整（图2-48）。

图2-47　融入地域建筑风貌特色的唐家民俗博物馆

图2-48　唐家庄园内外景及唐廷铨陵墓

2）建设与利用——按照"强产业、增收入、抓旧改、促旅游"的工作思路，强势推进村庄建设。建成了群众文化娱乐广场2个，改造土围墙300多米，刷新墙体6700多m²，绘制墙体壁画60幅300多平方米，铺设人行地砖4200m²，修建人行道花园65个，铺筑排水渠1700多米，安装雕塑一座，栽植绿化苗木6800多株，安装太阳能38个，建设沼气池30口，改造卫生厕所31间，人居环境进一步改善，农民收入持续增加。

3）成就与计划——唐家村的唐家大院已经形成了以国际前沿旅游开发为理念的创意规划，以"三个第一"为规划总目标——陕西乃至北方地区古代传统民居建筑艺术第一，千年秦商文化的规模化开发、传承、延续第一，独特沟壑地貌与独有民居建筑相辅相成的特色景观第一，全力打造村庄核心竞争力。

（8）佳县神泉村

神泉村（图2-49），得名于村内南山崖上两股长流而清冽的泉水，同时，因中央机关曾在此转战陕北成为革命圣地而著名。村内的神泉堡革命旧址背靠青山，面对神泉河，周围枣林环绕，绿树成荫，温泉一年四季川流不息。

1）保护与修复——村内对于革命旧址神泉堡窑洞及院落保存较好，2003年神泉堡被公布为省级文物保护单位。窑洞内毛泽东、周恩来等用过的方桌、木椅、砚台等办公生活用品80多件均完好保存。

2）建设与利用——在神泉堡中共中央旧址的基础上建立革命纪念馆，面向社会免费开放，并且通过对基础设施进行全面升级改造，助力旅游发展。2015年以来，神泉村对进村道路进行了升级改造，全面绿化沿线两侧，同时，投入40万元铺设村内道路，基本实现砖路进家入户。

图2-49　神泉村全貌

此外，实施"亮化"工程和"美化"工程，在通村主干道两旁安装72盏路灯，并摆放垃圾桶，对所有垃圾进行集中处理。

3）成就与计划——随着红色旅游的不断升温，建设发展的革命纪念馆不断受到游人的青睐，旅游人次逐年上升，计划维修及新建包括哨所、警卫连在内的神泉古寨。推进"十大工程"扶贫政策落地生根，扶持发展产业扶贫，推进重点贫困村基础设施建设，确保神泉村顺利退出贫困村。

七、乡村风貌引导

（一）塑造策略

1. 依托山水环境，严控建设用地，注重生态保育

在乡村风貌特色控制中，应当尽量依托于当地的山水环境，倡导生长型规划，严格控制建设用地，守护耕地红线。同时，注重乡村的生态保育，保护当地生物环境（动植物），保护水系环境，维护生态系统的多样性，塑造良好的人居环境。

2. 分析资源特征，引导发展模式，突出风貌特征

在乡村风貌特色控制中，应当根据其优势资源，找准定位，引导发展模式，充分发挥其资源优势。根据村庄地形地貌特征，布局村庄空间模式，突出其田园风光的特质。

3. 保留乡村遗产，保护古树名木，保养文化建筑

在乡村风貌特色控制中，对于乡村遗产（能体现乡村生活的如老房子、古井、古庙等）进行保留，对于古树名木进行保护，划分保护区，进行修缮，禁止破坏，对外观进行修缮，对于功能上，可以引入活动，焕发其活力。

4. 延续村落肌理，梳理道路交通，组织开敞空间

在乡村风貌特色控制中，应当保护与延续村落的肌理（乡村的组织结构、道路走向及形式、建筑组合方式等），防止大拆大建，保留原有的文化脉络，保护村落格局、景观整体性。满足现代生活需求，应当梳理道路交通，组织开敞空间，丰富乡村生活。

5. 评价现有建筑，修缮老旧房屋，引导新建建筑

在乡村风貌特色控制中，对现有的建筑进行评价并分类，对于需要

石头房

竹木房

吊脚楼

四合院

图2-50　陕南地区地域建筑形式

保护的房屋进行保护，保护其文化价值；对于一些老旧房屋进行修缮；对于危房进行拆除；对于新建类建筑应当加以引导，如房屋的色彩、材质、建筑组合方式等风格应当尽量体现当地的文化，融于整体的乡村环境中（图2-50）。

6. 利用乡村植被，提升绿化景观，注重庭院绿化

在乡村风貌特色控制中，应尽量利用乡村植被，禁止乱砍滥伐，利用当地植被，进行植树绿化，提升乡村整体的景观环境、注重庭院绿化，使人的生活融于自然环境之中。

（二）案例引导

1. 陕南地区乡村建筑风貌引导

（1）建筑要素提取

乡村建筑重点从色彩要素、材质要素、装饰要素三种要素进行综合利用，通过对传统建筑元素的优化提炼，提取传统陕南民居建筑的白墙色系、木质门板色系及灰瓦色系，应用到新的乡村建筑之中，形成简洁、素雅的建筑意韵，同时建筑完全融入环境，与环境形成对话（图2-51）。

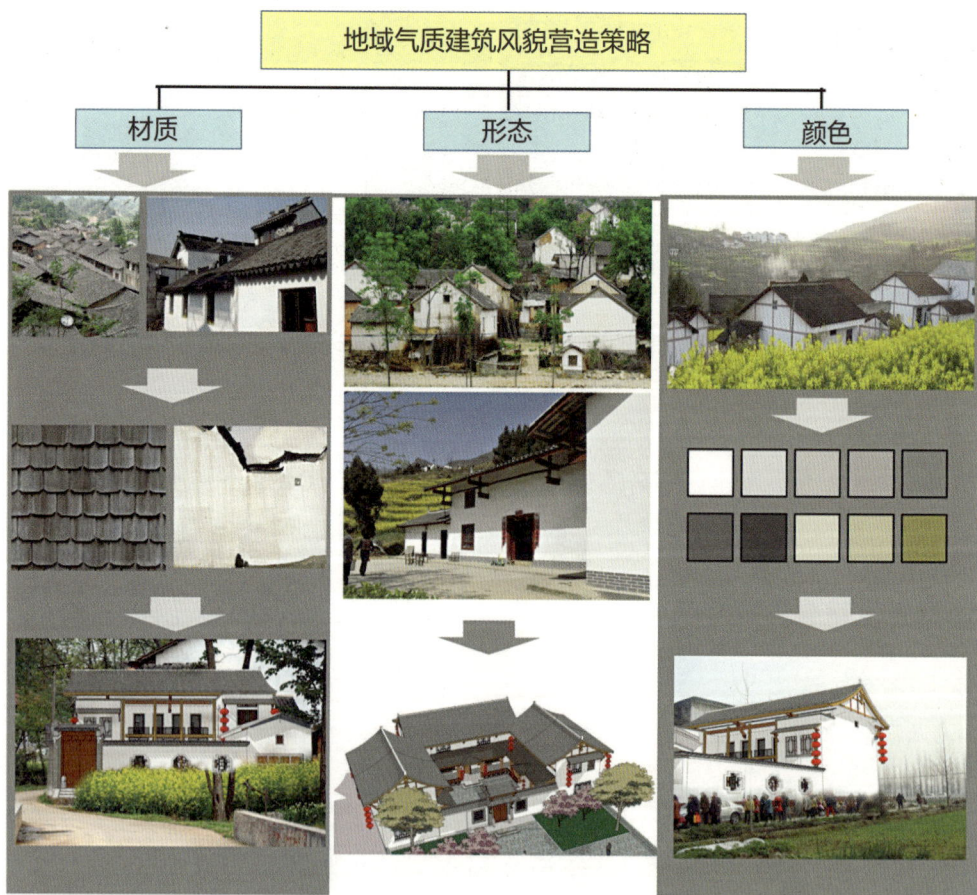

图2-51　陕南乡村建筑风貌引导策略

（2）建筑布局引导

1）中部盆地区集中式布局村落引导策略

中部盆地区地貌平坦，空间开阔，村落以集中式布局为主（图2-52），建筑布局相对紧密，空间紧凑，例如张家港村、马家坝村、胡家坎村等。

图2-52　集中式布局设计意向

图2-53 散落式布局设计意向

梳理村落道路交通，加强对外联系，整合村庄空间，建设村庄活动中心，提升设施服务水平，增强村庄绿化水平。

2）低山丘陵区带状布局村落引导策略

低山丘陵区地貌呈现缓坡状，空间变化层次性强，村庄呈现沿路带状布局形态，建筑布局呈现串珠状，例如中营村、沙河村、白庙村等（图2-53）。村落发展应与缓坡地貌相适应，着重处理交通与乡村建筑的关系，解决交通安全隐患，提升建筑风貌，种植乔木提升村庄空间品质。

3）南北高山区散落式布局村落引导策略

南北高山区地貌变化丰富，地形复杂，交通不便，村庄呈现散点状布局形态，例如丁家岭、云家砭、陈家沟等（图2-54）。位于南北高山区的散布型村落，交通不便，设施落后，应积极推进生态移民，以生态恢复为主体。

图2-54　南北高山区散落式布局村落

2. 渭南市富平陶艺村

陶艺村位于富平县城以北，是国内首家以陶艺为主题，集生态观光、休闲度假、餐饮住宿、参观购物为一体的陶文化交流中心（图2-55）。在空间建设中充分运用"陶"文化主题，形成丰富多彩的空间风貌景象：

1）村落融入大地田园环境，空间整体灵动舒展，自由曲线与方正规整相结合，既突出陶质的硬朗，也体现陶艺的灵巧。

2）建筑运用红砖与陶土形成材质与色彩上的呼应，同时将烧窑的文化符号在建筑开窗方面予以运用，传承"陶"文化（图2-56、图2-57）。

3. 榆林清涧袁家沟村

袁家沟位于清涧县城东60多公里区域，区内沟壑纵横，一道南北走向的山梁横卧村中，是运用传统风水择地营建的典型村落。1936年

图2-55 舒展与紧凑相结合的布局

图2-56　从材质、建筑符号上呼应陶文化主题的建筑风貌

图2-57　运用陶、石、砖、碎石建造小品景观设施

图2-58 袁家沟雪景

春天，毛泽东主席在这里创作了气壮山河、脍炙人口的《沁园春·雪》（图2-58）。

近年来，袁家沟结合乡村旅游发展，充分挖掘红色文化与黄土文化，建设了独特的乡村人居空间环境景观，在公共空间建设中，主要有以下几方面特色：整体风貌上秉承传统村落的营建思想（图2-59），依山傍河，顺应地形环境，建筑向阳而建；将记载有历史信息的民居建筑进行功能置换，形成展示文化与提供公共活动的展览场所；村内道路转折区域开辟公共活动广场，形成舒展的空间，设置景观文化墙展示历史文化信息，设置树凳作为休憩场地；滨水及坡地区域运用石材建设河堤与护

图2-59　顺应地形环境的乡村整体风貌景观

坡，形成硬质绿化景观的同时保持水土，减少水体及雨水对黄土与山坡的冲刷。

4. 商洛市丹凤县棣花古镇

棣花古镇位于商洛市丹凤县棣花镇，依山傍水，曾是"北通秦晋，南连吴楚"的商於古道驿站，历史文化、民族文化等多种文化形态在此交织和融合。棣花古镇早年因盛产棣棠花而得名。在小说《秦腔》中，作家贾平凹所描绘的即是棣花古镇风土人情和山水景色。近年来，依托现有乡村，形成集生态与地域文化体验于一体的乡村休闲游览区，乡村特色塑造成效显著。

1）秉承栖水而居的营造理念，融入山水，乡村与山水景观相互交融，景中有村、村中有景（图2-60、图2-61）。

2）主题化建设。以"两街（宋金街、清风街）、一馆（平凹文学馆）、一荷塘（生态荷塘）和西部花都"为主题项目，打造历史、人文、生态相互交融的新景点，凸显了商於古道上的人文特色，整体体现出文化与自然、秦风与楚韵相映生辉的特色风情。

3）街巷空间尺度宜人，开合有序，节点空间放大为休憩广场，路面以青石铺砌（图2-62、图2-63）。

4）建筑风貌以传统风格为主，灰瓦坡屋顶，新建区域立面以青砖与木质门窗为主体，色彩以土黄、青灰为主色调，材质以黄土、灰砖、石材、木材为主。

5）天际轮廓线设计中，注重建筑群体与山形的关系。通过坡屋顶的起伏营造顺山应势的空间轮廓形态，同时注重滨水区域的天际线变化设计，通过建筑高低形成错落的天际轮廓。

图2-60　以荷花、垂柳、皂角树等地域树种为主的山水生态环境

6）小品景观设计中，结合地域民俗文化，将体现乡土与生活气息的农业生产设施予以运用，烘托乡愁文化氛围，在绿化配置上，以地域树种为主。

图2-61　民居与山水景观相互交融的棣花古镇

图2-62　开合有序的街巷空间

图2-63　街巷节点空间

第三章

农村危房改造

一、危房改造与脱贫攻坚

1. 农村危房改造是脱贫攻坚的重点内容和目标

农村危房改造是党和国家保障民生的一项重要工作，是推进农村社会经济发展的重要举措，也是让广大农民群众分享改革开放成果的伟大壮举。同时，它对中国农村社会救助理论和救助制度进行了新的探索，已经取得的丰硕成果对全国减贫、脱贫工作做出了重大贡献。

目前农村危房改造任务还没有全部完成，剩下的都是深度贫困地区的群众或者是特困户，都是脱贫攻坚需要啃下的"硬骨头"。这些贫困人口的基本贫困特征就是住房条件差，安全性堪忧。表现为：脚下不平、顶上漏雨、四壁透风、昏暗潮湿，不具备正常使用功能；或是地基下沉，墙根碱蚀，墙身开裂歪斜，承重构件腐朽、变形等，不能保障正常使用安全。当遭遇地震等偶然灾害时，这些贫困户的房屋基本上不具备抵御灾害的能力。因此，住房安全有保障关乎人民群众的基本居住权和生存权，是脱贫攻坚工作的重点内容，也是脱贫攻坚需要实现的目标之一。

2. 危房改造是脱贫攻坚的主要抓手和手段

住房是农民安身之本，是第一需求，拥有一幢安全、称心的住房是农民心中挥之不去的情结。从经济意义上看，农民住房既是生活资料，又是生产资料，它是农民用以遮风避雨的生活设施，同时又是生产劳动的直接或间接场所。住房条件除了对农民本身的生活质量产生直接影响外，也在很大程度上影响到农户的生产力发展水平。同时，居住环境的改善，对于家庭人口的身心健康、子女的学习成长也有很大帮助。

农村危房改造作为实实在在的建设活动，贫困群众直接受益、直接参与，区县、乡镇、村级干部组织协调，项目开工、施工与竣工全过程都要进行全方位质量监管，这些具体工作的开展会进一步密切党群干群关系，农村基层组织的凝聚力和战斗力进一步增强。有助于动员和广泛发动贫困群众解决脱贫攻坚其他方面问题，构建和谐的基层社会治理体系，对未来的乡村振兴具有重要意义。

二、陕西农村危房改造主要做法

近年来，在陕西省委、省政府的坚强领导下，2009～2017年中省财政投入83.67亿元（中央63.66亿元，省级20.01亿元），全省累计改造农村危房83.8万户，其中建档立卡贫困户5.38万户。2017年完成了国家下达的43100户农村危房改造任务，15718户年度脱贫对象如期入住，实现了"住房安全有保障"。2017年度全国农村危房改造绩效评估，陕西省排名全国第三，受到国务院办公厅通报表彰，并被列为2017年度落实重大政策措施真抓实干成效明显予以激励的全国五个省份之一。

（一）政策措施

1. 制定脱贫考核办法

为贯彻落实中央、陕西省关于脱贫攻坚的有关要求，加快推进全省农村危房改造脱贫工作，省住房和城乡建设厅、省财政厅结合陕西省实际，制定并印发了《陕西省农村危房改造脱贫考核办法（试行）》，并在2017年7月10日起开始施行。

【案例】陕西省农村危房改造脱贫考核办法

《陕西省农村危房改造脱贫考核办法（试行）》（以下简称《考核办法》）明确了以公平、公正、公开，标准统一，内容真实，程序规范，科学合理为原则。同时指出，将采取月考核与年终综合考核相结合的方式进行，建立月通报、季讲评、年终综合考核机制。月考核由省农村危房改造脱贫办公室负责，年终考核会同财政部门共同开展，考核对象为各设区市住房城乡建设局（建委、规划局）和财政局。考核内容包括政策措施、问题整改、工程进展、监督检查、资金管理、信息管理、工程质量、制度建立、信息报送及其他，共计9大类40项。《考核办法》强调，各市要客观、真实、准确上报工作完成情况，督查暗访和年底综合考核时，考核组将严格按照督查考核内容开展检查，考核中发现有弄虚作假行为的，将严肃追究相关单位和责任人的责任，扣除所在地区考核分值，并在全省范围内进行通报。

2. 大力支持深度贫困地区农村危改工作

2017年12月，陕西省住房和城乡建设厅出台《支持深度贫困地区脱贫攻坚工作方案》，通过加强资金支持、推广低成本改造、加强技术指导、用足用活政策等四项举措支持深度贫困地区农村危房改造工作。

【案例】支持深度贫困地区脱贫攻坚工作方案

《支持深度贫困地区脱贫攻坚工作方案》（简称《方案》）明确，要聚焦全省11个深度贫困县（区）、482个深度贫困村，解决除易地扶贫搬迁对象外现有住房为C、D级的农村建档立卡贫困户等4类重点对象基本住房安全问题，2019年底前全面完成改造任务，实现贫困对象"住房安全有保障"。《方案》提出了支持举措。加大资金支持，陕西省在安排年度农村危房改造计划时向深度贫困地区倾斜，优先保障改造需求，按标准落实中央和省上补助资金；省财政通过均衡性转移支付加大对11个深度贫困县（区）脱贫攻坚支持力度；各县（区）根据农户贫困程度、房屋危险程度和改造方式等制订分类补助标准，向深度贫困村和特殊困难群体倾斜。推广低成本改造，陕西省在深度贫困地区加大推广农村危房加固改造技术，按照消除直接危险、同步提高房屋整体强度的要求科学实施，确保质量安全；从全省138名农村危房改造技术专家中选派专家逐县（区）指导，建设一批加固改造样板房，做好示范推广，引导贫困群众优先选择加固方式改造危房，切实减轻贫困群众建房负担。加强技术指导，陕西省将指导深度贫困地区全面落实农村危房改造质量安全"五个基本"建设要求，组织编制农村危房改造通用设计图集和建设施工要点，向深度贫困地区所在县（区）免费发放；加大对深度贫困地区管理人员、技术人员和农村工匠培训力度，提高深度贫困地区农村危房改造质量安全水平。用足用活政策，陕西省要求深度贫困村所在贫困县（区），要用足用活贫困县涉农资金整合试点政策，统筹整合财政涉农资金和用于脱贫攻坚的均衡性转移支付资金支持农村危房改造，引导社会力量资助，鼓励志愿者帮扶和村民互动等方式，构建多渠道的资金投入机制。

3. 多措并举推进适宜改造方式

一是兜底解决特困户住房安全。对于自筹资金和投工投料能力极弱的特困户，通过建设农村集体公租房、利用闲置农房和集体公房置换、提高补助资金额度等方式，兜底解决特困户住房安全问题。

二是大力推广加固改造方式。优先选择加固方式对危房进行改造，原则上C级危房必须采用加固方式改造。各地要结合本地实际，组织动员科技人员，大力推广造价低、工期短、安全可靠的农房加固技术。加强对加固改造益处的宣传教育，制定鼓励加固政策，建立有效的组织实施方式。

三是开发推广低造价农房建造技术。各地要研究推广现代夯土农房等低造价、功能好、安全、绿色的农房建造技术，加强当地传统建筑材料的利用研究，传承和改进传统建造工法，探索符合标准的就地取材建房技术方案，节约改造资金，提高居住功能。

四是严格控制建房面积。4类重点对象改造房屋的建筑面积原则上1～3人户控制在40～60m²以内，且1人户不低于20m²、2人户不低于30m²、3人户不低于40m²；3人以上户人均建筑面积不超过18m²，不得低于13m²。各地可根据当地的民族习俗、气候特点等实际情况，制定细化面积标准。对于自筹资金和投工投料能力极弱、需要社保政策兜底脱贫的特困户，改造房屋面积按下限标准控制。

五是保障安全和基本卫生条件。4类重点对象的农村危房改造要执行最低建设要求，必须达到主要部件合格、结构安全。地震高烈度设防地区的农房改造后应达到当地抗震设防标准。改造后的农房应具备卫生厕所、人畜分离等基本居住卫生条件。

4. 抓好四个"突破口"

从讲政治、讲大局、讲看齐的高度，把农村危房改造作为一项极为严肃、极其重大的政治任务，全力以赴抓好整改，坚决把中央、陕西省决策部署落到实处。按照省委、省政府关于脱贫攻坚的具体要求，为了高标准、严要求地完成全省农村危房改造任务，确定了四个"突破口"。

一是抓规划。在摸清底数的基础上，抓紧完成农村危房改造三年规划，明确危房改造数量、时序和保障措施。根据省委、省政府下达的年度计划，合理安排实施改造，逐步完成规划目标。

二是抓进度。提前做好改造农户公示、房屋鉴定、施工人员培训等相关前期工作。紧紧抓住当前工程施工的有利时机，指导督促符合条件的农户尽早开工，成熟一户、开工一户。危房改造竣工后，将尽快组织验收，逐户逐项检查验收。同时建立精准扶贫台账，完成一个销号一个。

三是抓质量。认真执行国家和陕西省关于质量安全的相关要求，实行"三个监管"到位，即选址安全监管到位、日常巡查监管到位和竣工验收监管到位，对"三个监管"中发现的质量安全问题，督促指导及时整改到位。健全完善农村危房改造工程质量安全管理制度，组织技术力量，定期对危改施工现场进行质量安全巡查和指导监督。

四是抓结合。将危房改造与扶贫工作相结合，在安排农村危改项目时，与脱贫攻坚统筹考虑，优先安排建档立卡贫困户危房改造任务，兜底解决特困户住房安全问题。

（二）组织管理

1. 完善制度，多措并举

（1）加强领导，周密部署。坚持"一把手"负总责、亲自抓，分管领导具体抓，设立农村危房改造脱贫办公室，制定下发《陕西省农村危房改造脱贫工作方案》，及时传达中央、陕西省脱贫攻坚工作要求，安排部署全省农村危房改造脱贫工作任务。

（2）分级包抓，夯实责任。省市县住房城乡建设部门建立了分级包抓机制，实行"省包市、市包县、县包镇村户"。省住房城乡建设厅成立了由厅班子成员组成的10个督查组，每组包抓一个市及所辖县（区），实行常态化督查暗访，对年度脱贫对象，开展拉网式督查，全省住房城乡建设系统形成了分级包抓、上下联动、系统作战的工作局面。

（3）严格考核，规范管理。制定了《全省住建系统支持深度贫困地区脱贫攻坚工作方案》《支持深度贫困地区农村危房改造工作方案》，出台了《陕西省农村危房改造脱贫考核办法》《陕西省农村危房改造资金管理办法》等一揽子制度，建立了"月通报、季讲评、年终综合考核"长效机制，每月对各市工作进展情况进行通报、排名，每季度召开点评会，营造了加压紧逼、奋力争先、追赶超越的工作氛围。

（4）强化指导，提升水平。组织编制了《农村特色民居设计图集》《农村危房（窑）鉴定技术指南》《农村危房加固改造技术指南》《农村危房加固改造图集》，举办了《乡村建设的理念和方法》讲座，开展了农村特色民居设计图集宣贯培训，从高等院校、科研院所精选138名专家，组建农村危房改造专家组，分片区开展技术指导和人员培训，有效提升了农村危房改造水平。

（5）树立典型，抓点示范。积极推广农村危房改造好经验、好做法，渭南市大荔县、延安市宝塔区坚持"能加固绝不重建"原则，分类型、分工艺开展危房加固改造试点，用较少的投入、较短的工期，解决了群众住房安全问题，有效减轻了农民负担；西安市蓝田县将危房改造与"旅游+"战略结合，在确保安全住房的基础上，对危房改造户的院落环境同步改造提升；宝鸡市凤县、安康市汉阴县等地，通过统建农村集体公租房、修缮加固现有闲置公房、置换或长期租赁村内闲置农房等方式，解决深度贫困户住房安全问题，受到了群众的广泛好评。

（6）多种途径，广泛宣传。开通了农村危房改造脱贫服务电话，编印了《口袋书》《明白卡》，在省住房城乡建设厅门户网站设置了脱贫攻坚专栏，录制了危房改造政策视频宣讲资料，制作成光碟下发各地，面对面为贫困村"第一书记"进行危房改造政策辅导，通过多种途径广泛宣传，提高了农村危房改造政策的知晓率、支持率和群众满意度。

（7）制定分类分级补助标准。加大财政资金支持力度投入，根据4类重点对象的贫困程度、房屋危险程度和改造方式等制定分类分级补助标准。自2017年起，中央财政补助资金将集中用于4类重点对象的危房改造工作，并适当提高补助标准。

（8）建立金融扶持机制。陕西省将危房改造纳入脱贫攻坚金融支持范围，积极开展与金融机构的合作，通过建立贷款风险补偿机制，实施贷款贴息补助等方式，帮助有信贷需求的贫困户多渠道、低成本筹集危房改造资金。中央将根据地方信贷贴息工作开展情况，对地方给予指导和支持。

（9）统筹整合使用财政涉农资金。按照中央关于贫困县统筹整合使用财政涉农资金的要求，统筹支持贫困户危房改造。充分发挥农民的主体作用，通过投工投劳、互帮互助等降低改造成本，积极发动社会力量捐赠资金和建材器具等，鼓励志愿者帮扶，帮助4类重点对象改造危房。

（10）补助对象在村和乡镇两级公示制度。落实补助对象在村和乡镇两级公示制度，进一步推进危房改造农户档案信息公开。要严格执行年度绩效评价和工程进度月报制度，住房城乡建设部、财政部每年将通报各省工作绩效，约谈工作落后省份。县级财政部门要及时拨付补助资金至农户"一卡通"账户。各地要主动接受纪检监察、审计和社会监督，坚决查处挪用、冒领、克扣、拖欠补助资金和索要好处费等违规、违纪、违法行为。

2. 建立农房建设质量安全管理制度

（1）落实管理责任

落实行业管理责任。把农房建设管理作为当前村镇建设工作的重要内容，制定农房新建、改建、扩建管理办法，逐步规范农房建设。要将农房建设质量安全管理工作放在重要位置，落实行业管理责任，加强指导与监督。要会同相关部门加强农村建材市场管理。

落实属地管理责任。县级政府要强化责任意识，支持乡镇政府健全农房建设管理机构，充实管理队伍，落实工作经费，并授予必要的管理权限，切实履行属地管理职责。乡镇建设管理机构按照有关规定负责实施农房建设规划许可、设计和技术指导、检查和验收等管理，应配备1名以上具有专业知识的专职管理员，有条件的地方还可以设置村庄建设协管员。

落实人员管理责任。乡镇建设管理员按照有关规定负责农房选址、层数、层高等乡村建设规划许可内容的审核，对农房设计给予指导。实地核实农房"四至"，在施工关键环节进行现场指导和巡查，发现问题及时告知农户，对存在违反农房质量安全强制性技术规范的予以劝导或制止。指导和帮助农户开展竣工验收，对符合规划、质量合格的农房按有关规定办理备案手续，对不合格的提出整改意见并督促落实。

（2）强化建设责任和安全意识

落实建设主体责任。农房建设单位或个人对房屋的质量安全负总责，承担建设主体责任。农房设计、施工、材料供应单位或个人分别承担相应的建设工程质量和安全责任。

提高农民建房安全意识。加强宣传教育，通过进村入户宣传、印发图册及材料等手段，向农民宣传危险房屋的危害和鉴别方法，普及新建及改扩建农房的基本安全知识，逐步提高农民建房的质量安全意识，引导其自觉建设符合质量安全要求的住房，主动加固改造存在安全隐患的农房。

（3）实施到户技术指导和服务

组织技术力量，编印农房设计通用图集或质量安全技术手册免费发放到户，利用网络平台等供建房农户查询下载。组织建筑、结构等专业设计人员下乡，提供到户技术咨询和指导服务。鼓励和引导技术单位开展农房建设咨询业务，通过政府购买服务等方式为农户提供专业、低价的设计施工服务。有条件的地区要加大对农村建材市场的检查和监管力度，对钢材、水泥等主要建材进行抽检，为建房农户提供建材质量检测和咨询服务。

（4）加强农村建筑工匠队伍管理

加强对农村建筑工匠的管理，指导成立农村建筑工匠自律协会。要发挥农村建筑工匠保障农房建设质量安全的重要作用，指导农户与工匠签订施工合同，结合当地实际，探索建立农村建筑工匠质量安全责任追究和公示制度，并由农房质量安全监管部门进行备案。要组织编印农村建筑工匠培训教材，开展专业技能、安全知识等方面培训，提高农村建筑工匠的技术水平及从业素质。

（5）严格农房改扩建管理

加强农房改造、扩建、加层、隔断等建设行为的指导与监管，特别要加强城乡接合部、乡村旅游地等房屋租赁行为频繁、建设主体混乱地区农房改扩建的质量安全管理，未通过竣工验收的农房不得用于从事经营活动，切实保障公共安全。完善建设规划许可管理，鼓励和支持有资质的单位和个人提供设计和施工服务，在确保结构安全的前提下满足农民改扩建需求。加强日常巡查，及时发现和制止随意加大门窗洞口、超高接层、破坏承重结构改造建设等情况，发现安全隐患，督促农户及时加固处理。

（三）技术措施

1. 建立完善的农村住房信息系统数据库

按照住房和城乡建设部对农村危房改造农户档案信息管理的工作要求，以及陕西省农村危房改造对象台账数据情况，进一步争取中央资金，确保建档立卡贫困户等4类重点对象住房安全有保障。

（1）对原有农村住房信息系统数据进行更新

按照住房城乡建设部对农村危房改造农户档案信息管理的工作要求，督促、指导所属县（区）住房城乡建设部门对全国住房信息系统中现有数据进行甄别、修订和完善。各县（区）住房城乡建设部门要按扶贫、民政和残联等部门认定的建档立卡贫困户、农村分散供养特困人员、低保户、贫困残疾人家庭和一般贫困户5类对象，对全国住房信息系统中现有对象数据进行修正，对不属于5类对象的数据要进行删除。

（2）对危房改造农户档案数据重新录入

按照全国农村危房改造农户档案管理信息系统数据填报要求，及时将改造对象全部录入全国农村危房改造农户档案信息系统。同时，根据改造户进度及时对信息档案进行完善，并对上报数据的完整性和准确性负责。

（3）加强对信息系统的管理

加强组织领导，明确专人负责信息录入、数据上传等工作任务。定期组织专项督查，对工作推进不力，数据对接不畅通，录入上报信息不及时，上传数据偏少、质量不高的，约谈单位负责人，责令限期整改，并在全省进行通报。

2. 编制《陕西省农村危房（窑）鉴定技术指南》

陕西省农村危房改造自实施以来，已经取得了显著成绩。但由于我省南北狭长，自然条件差异较大，区域经济发展不均衡，农村建房多用本土材料，结构形式多样，工艺水平与质量现状良莠不齐，很多老旧房屋安全性能堪忧。实际危改工作中，加之基层技术力量相对薄弱，部分房屋的危险性鉴定存在评价尺度不精准的问题，一定程度上对当前危改工作与脱贫攻坚任务的完成造成一定影响。

针对这一问题，陕西省住房城乡建设厅组织西安建筑科技大学、陕西省建筑科学研究院、长安大学等单位专家团队编制了《陕西省农村危房（窑）鉴定技术指南》，以指导基层技术人员精准识别危房，精准判定危房等级，有效推进陕西省农村危房改造工作，保质保量完成全省脱贫攻坚任务。主要内容包括：总则；基本规定；土木结构房屋；砖木结构房屋；砖土混杂结构房屋；木结构房屋；砖混结构房屋；窑洞；条文说明；附录等。

3. 编制《陕西省农村危房（窑）加固技术指南》

2017年以来，陕西省积极主动开展农村C级危房（窑）加固改造试点工作，各地对于不同结构类型、不同安全现状的C级危房进行了广泛的加固改造实践，很多安全可靠、经济合理、施工便捷的加固维修技术和方法不断被总结出来。但总体上，危房（窑）加固维修的覆盖面还不够大，有些区县还没有全面铺开。调查发现主要问题在于缺乏适宜的农村危房（窑）加固改造技术与方法。

针对这一问题，省住房城乡建设厅组织编制了《陕西省农村危房（窑）加固技术指南》，以规范陕西省农村危房（窑）的加固改造技术，加强对农村危改工作的技术指导，保质保量完成全省脱贫攻坚任务。主要内容包括：总则；一般要求；地基基础加固；房屋整体性加固；砖石墙体加固；生土墙体加固；木结构与构件加固；危窑加固；施工安全与施工机具；附录等。

4. 成立省级危房改造专家组加强技术指导

为加强农村危房改造技术指导工作，助力打好全省脱贫攻坚战，2017年6月省住房城乡建设厅成立了陕西省农村危房改造技术专家组和工作组。

专家组人员由省内土木院校、勘察设计单位、施工企业与省市住房城乡建设部门技术骨干共138名专家。专家组的主要职责：配合省住房城乡建设厅做好全省农村危房改造相关技术政策制定，协助编制危房加固改造图集、指南，指导农村危房改造加固技术的应用推广等工作；指导各市、县组建农村危房改造技术团队，培训基层村镇建设管理人员和建筑工匠。原则上各市、县推荐的专家负责指导、协助本区域范围内农村危房改造加固相关工作。

同时成立专家工作组，工作组从陕西省农村危房改造技术专家组中产生，具体负责陕西省农村危房改造技术专家组日常工作，定期组织农村危房改造技术交流，配合省住房城乡建设厅开展农村危房改造及相关工作。

三、危房改造实施案例

（一）房屋重建案例

1. 普通砖混农房

陕西农村D级危房重建，大多数采用砖混结构形式。一般基础做法：平原地区多用砖放脚基础、灰土基础、三合土基础等，山区沟壑地带多用毛石基础。7、8度设防地区一般为现浇楼板，6度区虽有少部分采用预应力空心混凝土楼板，但基本上都布置有钢筋混凝土圈梁。

2. 装配式农房

【案例】安康市汉滨区

近年来，安康市汉滨区从实际出发，帮助不适宜易地移民搬迁的部分危房户进行危房改造，在改造中率先在全市范围内引入装配式建筑，有效应对深度贫困山区建房存在的施工安全、材料运输、成本控制等难题（图3-1、图3-2）。一是建设综合成本优势明显。将装配式建筑在靠

图3-1　安康市汉滨区经过改造翻新的房屋

图3-2　安康市汉滨区重建施工的轻钢装配式房屋

近居住点、水电路、村活动室等公共基础配套相对便利的区域合理选址，按照D级联建小集中方式进行建设，节约集约利用土地，降低用地成本；

在建设成本方面，轻钢结构装配式建筑无需对地基进行特殊处理，轻钢结构钢材及配件一次性制作成型，可直接在现场拼装，从户型设计到施工完毕达到入住标准仅用时20天，大大缩短建设周期、降低建房综合成本。二是安全性能大大提高。装配式建筑主要承重结构采用材料厚度为0.75～1.5mm后的高强度镀锌（铝）钢带，轻镀压冷弯工艺制造成型的89mm C形龙骨组成，以轻钢龙骨为主要承重骨架，以轻体材料作为外墙墙壁，自重轻，三角形屋架，抗震、抗风及抵抗水平荷载能力较强。三是因地制宜打造美丽农居。装配式建筑总体风貌化繁为简、安全经济、实用美观，依山就势灵活布置，结合地方民居特色，按照坡屋顶、脊瓦和白墙的房屋风格，采用不同色彩对建筑风貌进行打造，使乡村风貌更加规范化合理化，不断突显美丽乡村民居颜值。四是"抱团式"居住方便生产生活。按照D级联建小集中方式进行建设，房屋内部功能分区明显，厨房、卫生间齐备，贫困户（1人户）通过"抱团式"居住，互帮互助，有效利用周边耕地，满足群众生产生活需求。

【案例】商洛市镇安县

商洛市镇安县针对贫困户家庭状况千差万别、致贫原因多样叠加的实际，进一步深化、拓展、用好贫困户建档立卡信息，找准、找全致贫原因，将贫困户据实划分为有劳动能力户、弱劳动能力户、无劳动能力户三类，实施一户一策、一人一法，将帮扶措施精准到户、到人、到项目，探索形成了"户分三类，精准帮扶"工作机制，走出了一调精准扶贫、精准脱贫的新路子。主抓部门采取"听、看、查、访"的方式，进村入户现场比对C、D级已鉴定房屋现状，实地查看建房情况，采取镇、村干

图3-3　商洛市镇安县云盖寺镇东洞村"危改+普改"后

部"一盯一"的监督方法，抓好建设过程中的每个环节；同时，对危改工作实行每周通报、季度考核、年终考评制度，全力推进危房改造工作（图3-3）。

【案例】汉中市青木川长沙坝村

主要采用冷弯薄壁轻钢结构体系，造价较低，店屋型布置，单层带阁楼，户均60m²，双坡小青瓦屋面，低层方便农户开商铺。卫生间、厨房在后院另设（图3-4、图3-5、表3-1）。

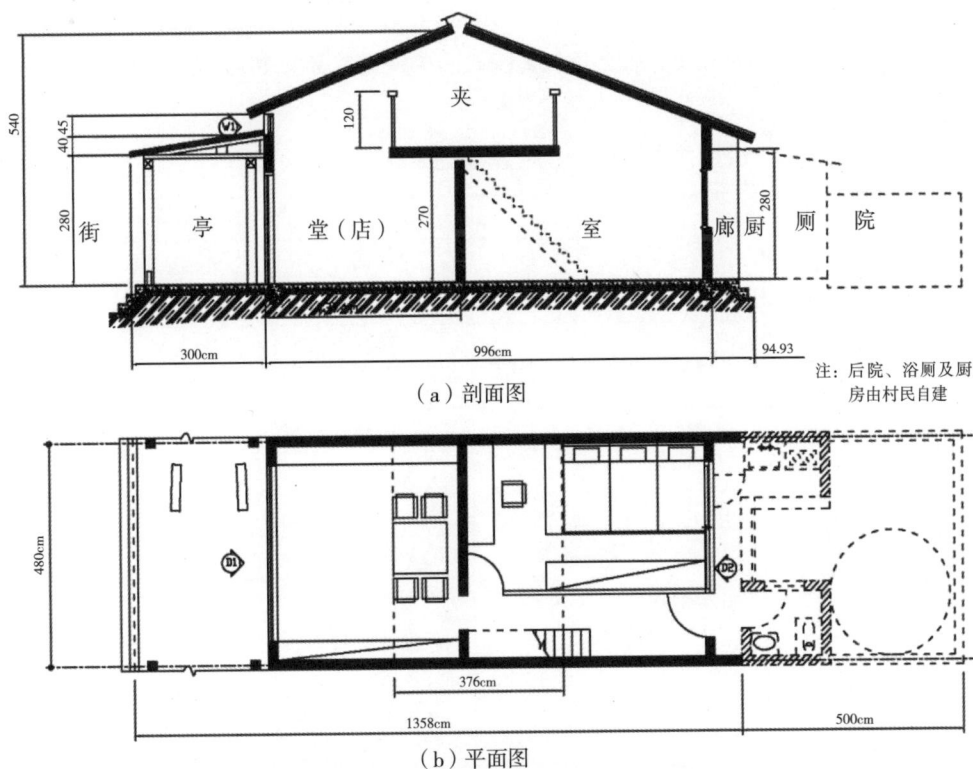

（a）剖面图

注：后院、浴厕及厨房由村民自建

（b）平面图

图3-4 长沙坝村危房改造平剖面图

图3-5 长沙坝村危房改造中钢龙骨装配建筑

长沙坝村60m²店屋型轻钢农房工程造价　　　　　表3-1

序号	分项	形式	造价（元/m²）		
1	地基基础	混凝土条基	材料	55	小计：120
			人工机具	65	
2	轻钢龙骨	Q345钢，壁厚1.2mm	材料	210	小计：350
			人工机具	140	
3	墙体（含门窗）	双侧OSB板，挂网抹灰	材料	85	小计：150
			人工机具	65	
4	楼屋面	加厚OSB板，屋面做防水，小青瓦屋面	材料	90	小计：175
			人工机具	85	
5	水电	明线带线盒，给水排水管道入户	材料	15	小计：25
			人工机具	10	
6	其他	部分材料运输，雨天误工费等	280		小计：280
7	合计		单方造价：1100元/m²；房屋总造价：6.60万元		

注：表中数值为2009年5月工程竣工时的结算造价。

【案例】铜川市金锁关镇

铜川市印台区金锁关镇以统建方式，对部分山区的D级危房特困户进行了重建，已建成轻钢复合墙板结构危改房48户。户型面积40～60m²，单层坡屋顶（图3-6、表3-2）。

基础为混凝土条基，方钢管立柱边长100mm，壁厚4.0～5.0mm；梁截面50mm×120mm，壁厚3.0mm。填充墙、门窗过梁及屋面均采用100mm厚"保温围护结构一体化"轻质墙板。屋面板在制作时增设了抗弯纵筋。由于墙体尺寸适中，且平均容重在700～800kg左右，自重不大，运输较为方便，而且可以现场切割、拼装。同时隔音隔振效果良好，群众接受的意愿度较高。

施工工序：先完成混凝土条形基础，再安装钢管轻型框架，最后填充轻质墙板、覆盖屋面板。

图3-6 铜川市轻钢复合墙板结构危房改造

陕西鸥克轻钢房屋工程造价（单方造价明细） 表3-2

序号	分项	形式	造价（元/m²）	备注
1	地基基础	混凝土条基	165	含材料、人工
2	轻钢框架	Q235钢，壁厚3～4mm	208	含材料、人工

续表

序号	分项	形式	造价（元/m²）	备注
3	板材（墙面、屋面）	100厚轻质板材，屋面板加筋	481	含材料、人工
4	外墙附加保温与饰面	苯板外保温，真石漆饰面	150	含材料、人工
5	瓦屋面	树脂瓦，底部做防水	68	含材料、人工
6	门窗	普通铝塑窗，双玻	35	含材料、人工
7	地面	普通瓷砖	90	含材料、人工
8	其他	室内吊顶、内墙涂料等	74	含材料、人工
9	合计		单方造价：1236元/m²	

注：表中数值为陕西鸥克建材科技有限公司2018年9月提供。

（二）加固维修案例

我省房屋类型多种多样，陕北地区有大量窑洞，根据材料类型可分为土窑洞、砖窑洞和石窑洞；关中地区分布有大量砖木、土木结构民居；陕南有石木结构和木结构房屋。危房类型多样，为能作对因地制宜，用最经济、最有效的方法对危房进行加固改造，我省积极联合各大高校、科研院所的技术力量进行危房改造，利用各方技术优势，制定针对性改造措施。

【案例】大荔县危房改造

陕西省渭南市大荔县在精准认定危改对象的基础上，聘请专业技术团队，制定"一户一策"的个性化加固方案，实现加固改造与人居环境改善、民居风貌保护等相统一，受到了住房城乡建设部的肯定，并作为农村危房加固改造示范在全国进行了推广。

1. 房屋安全性鉴定

具体信息见表3-3。

房屋安全性鉴定 表 3-3

基本资料			
户 主	刘某	建造年代	1992年
地 点	陕西省大荔县下寨镇新堡村	设防烈度	8度（0.2g）
结构形式	砖木结构	建筑面积	75m^2
层 数	单层	开 间	3间
墙 体	前墙：砖墙 后墙：砖墙 山墙：砖墙 内横墙：砖墙		
屋面类型	双坡，木屋架（两侧山墙上硬山搁檩），瓦屋面		

鉴定依据

（1）《农村住房危险性鉴定标准》JGJ/T 363—2014
（2）《农村危险房屋鉴定技术导则（试行）》（建村函[2009]69号）
（3）《陕西省农村危房（窑）鉴定技术指南》

鉴定目的

（1）对房屋在使用阶段的安全性进行评价，对房屋的抗震性能进行评价
（2）根据鉴定结果，对房屋的加固与维修提出建议

危险状况

（1）屋面局部出现沉陷；小青瓦损坏较多，屋面渗水面积超过6.0m^{2}以上
（2）局部檩条、椽条腐朽
（3）纵、横墙交接处有松动、脱闪迹象
（4）无圈梁、构造柱；硬山搁檩

鉴定结论

（1）危险性等级：C级危房
（2）抗震性能：无抗震构造措施，不满足抗震要求

建议

（1）加固维修
（2）提高房屋抗震性能

2. 造价

本户为C级危房，全部加固维修后的总费用为18173元，其中屋面铺设望板、重新换瓦费用为9330元；房屋抗震加固费用为7173元；其他费用为1670元。

3. 房屋加固前后对比

具体参见图3-7。

图3-7　大荔县危房改造室内外前后对比

参考文献

［1］梁思成. 梁思成文集［M］. 北京：中国建筑工业出版社，2001.

［2］吴良镛. 人居环境科学导论［M］. 北京：中国建筑工业出版社，2001.

［3］吴良镛. 中国人居史［M］. 北京：中国建筑工业出版社，2014.

［4］董鉴泓. 中国城市建设史［M］. 北京：中国建筑工业出版社，2004.

［5］（美）培根等著. 黄富厢等编译. 城市设计［M］. 北京：中国建筑工业出版社，
1989.

［6］凯文·林奇. 城市意象［M］. 北京：华夏出版社，2001.

［7］（奥）卡米洛·西特. 仲德崑译. 城市建设艺术［M］. 南京：东南大学出版社，
1990.

［8］麦克·哈格. 设计结合自然［M］. 北京：中国建筑工业出版社，1992.

［9］吴良镛. 中国城乡发展模式转型的思考［M］. 北京：中国建筑工业出版社，
2009.

［10］彭一刚. 传统村镇聚落景观分析［M］. 北京：中国建筑工业出版社，1992.

［11］齐康主编. 城市建筑［M］. 南京：东南大学出版社，2001.

［12］任致远. 解读城市文化［M］. 北京：中国电力出版社，2015.

［13］朱士光. 黄土高原地区环境变迁及其治理［M］. 郑州：黄河水利出版社，1999.

［14］李令福. 古都西安城市布局及其地理基拙［M］. 北京：人民出版社，2009.

［15］史红帅. 明清时期西安城市地理研究［M］. 北京：中国社会科学出版社，2008.

［16］朱士光. 古都西安——西安的历史变迁与发展［M］. 西安：西安出版社，2003.

［17］胡武功. 西安记忆［M］. 西安：陕西人民美术出版社，2002.

［18］周庆华，黄土高原· 河谷中的聚落——陕北地区人居环境空间形态模式研究
［M］. 北京：中国建筑工业出版社，2008.

［19］中华人民共和国住房和城乡建设部. 中国传统建筑解析与传承· 陕西卷［M］.
北京：中国建筑工业出版社，2017.

［20］王建国. 城市设计［M］. 北京：中国建筑工业出版社，2009.

［21］（美）尼科斯. 穿越神秘的陕西［M］. 西安：三秦出版社，2009.

［22］王崇人. 古都西安［M］. 西安：陕西人民美术出版社，1981.

［23］史海念. 西安历史地图集［M］. 西安：西安地图出版社，1996.

［24］国家文物局. 中国文物地图集· 陕西分册［M］. 西安：西安地图出版社，1998.

［25］陕西省住房和城乡建设厅，西安建大城市规划设计研究院. 陕西省城乡建筑风貌
特色研究. 2014.

［26］王景慧，阮仪三，王林. 历史文化名城保护理论与规划［M］. 上海：同济大学
出版社，1999.

［27］王树声. 黄河晋陕沿岸历史城市人居环境营造研究［M］. 北京：中国建筑工业
出版社，2009.

［28］吴伟. 城市特色：历史风貌与滨水景观（历史环境保护的理论与实践）［M］. 上海：
同济大学出版社，2006.

［29］张锦秋. 晨钟暮鼓声闻于天——西安钟鼓楼广场城市设计［J］. 城市规划，1996
（06）：36-39.

［30］宛素春. 城市空间形态解析［M］. 北京：科学出版社，2004.

［31］孙启祥. 陆游汉中诗词选［M］. 陕西：陕西人民出版社，1993.

［32］刘清河. 汉水文化史［M］. 陕西：陕西人民出版社，2013.

［33］吴良镛. 通古今之变· 识事理之常· 谋创新之道［J］. 城市规划，2006.

［34］陈宇琳. 基于"山—水—城"理念的历史文化环境保护发展模式探索［J］. 城市
　　规划，2009.

［35］余柏椿，周燕. 论城市风貌规划的角色与方向［J］. 规划师，2009，（12）：22-25.

［36］蔡晓丰. 城市风貌解析与控制［D］. 上海：同济大学博士学位论文，2005.

［37］杜春兰. 地区特色与城市形态研究［J］. 重庆建筑大学学报，1998，（03）：26-29.

［38］张继刚. 城市景观风貌的研究对象、体系结构与方法浅谈——兼谈城市风貌特色
　　［J］. 规划师，2007.

［39］沈青基. 论基于生态文明的新型城镇化［J］. 城市规划学刊，2013.

［40］西安曲江芙蓉新天地商业综合体［J］. 建筑与文化，2015（04）：25-29.

［41］苗阳. 我国历史性城市更新中文脉传承及策略研究［D］. 上海：同济大学博士学
　　位论文，2005.

［42］林柯余，袁奇峰. 宜居城市建设视角下的城市特色营造与追寻——中德的对比与
　　启示［J］. 现代城市研究，2010，06-09.

［43］邢海虹，赵娟. 以旅游为支柱产业的中等城市特色研究——以汉中市为例［J］.
　　大庆师范学院报，2010，06-09.

［44］西安市规划局，西安建筑科技大学，西安市城市规划设计研究院. 西安城市总体
　　规划2004-2020. 2004.

［45］西安建大城市规划设计研究院，西安市城市规划设计研究院. 西安总体城市
　　设计. 2015.

［46］西安市城市规划设计研究院，西安建筑科技大学. 西安历史文化名城保护规划. 2004.

［47］西安市规划局. 西安市城市建设文化体系规划. 2004.

［48］国家发展和改革委员会主任：徐绍史. 国务院关于城镇化建设工作情况的报告.
　　2013年6月26日在第十二届全国人民代表大会常务委员会第三次会议上.